# नहीं कठिन है डगर पनघट की

# नहीं कठिन है डगर पनघट की

डॉ. रामसिंह

ज्ञान गंगा, दिल्ली

प्रकाशक : ज्ञान गंगा, 2/42, अंसारी रोड, दरियागंज, नई दिल्ली–110002
सर्वाधिकार : सुरक्षित / संस्करण : 2025 / मूल्य : तीन सौ रुपए
मुद्रक : श्री साई प्रिंटर्स, साहिबाबाद ISBN 978-93-82901-92-1

**NAHIN KATHIN HAI DAGAR PANGHAT KI**

*by* Dr. Ram Singh ₹ 300.00

Published by **GYAN GANGA**

2/42, Ansari Road, Daryaganj, New Delhi-2

प्रेरणा के लिए

अमित और समृद्धि, यश और आस्था,
अपेक्षा और संतुष्टि। ध्रुव और प्रतिष्ठा को,
शुभकामनाओं के साथ।

# लेखकीय

सफलता के मंदिर तक पहुँचने के लिए सतर्कता और एकाग्रता की महती आवश्यकता है जैसे पनिहारिन सिर पर गगरी रखकर सतर्क और एकाग्रचित्त होकर ही तो पनघट तक पहुँचती है, धीरे-धीरे कदम रखकर। जब चलोगे, तभी तो मंजिल मिलेगी, उसके लिए सुनिश्चित लक्ष्य जरूरी है।

लक्ष्य प्राप्त करने या मंजिल तक पहुँचने में गरीबी, अभाव, साधनाहीनता और विकलांगता जैसी मुसीबतें बाधक नहीं हैं। हेलन कीलर तो अंधी-बहरी और गूँगी थीं। उन्होंने परिश्रम, लगन और दृढता से अपने जीवन में सफलता की इबारत लिखकर इतिहास रचा। उनका कहना था हम जो कुछ चाहते हैं, उसे प्राप्त कर सकते हैं। आत्मविश्वास, मनोबल और दृढता से। बाल्यावस्था में फटे पाजामे में पिन लगाकर काम चलाने वाले गारफील्ड अपने अथक परिश्रम और सतत प्रयास से अमेरिका के प्रेसीडेंट बने। माइकेल एंजिलो पत्थर तराशकर मूर्तियाँ बनाकर अपने-आपको अमर कर गए। आर्कराइट, जो बचपन में हजामत बनाने का काम करते थे, मरते समय करोड़ों की संपत्ति छोड़ गए। 18वीं शताब्दी के अंत में कोयले की गैस को नलों से ले जाकर प्रकाश का आविष्कार किया। गैलीलियो ने दूरस्थ तारों की खोज की, अब्राहम लिंकन फटे चिथड़े पहने हुए ही अमेरिका के प्रेसीडेंट हुए थे। इंग्लैंड के

प्रधानमंत्री ग्लैडस्टन और डिजरायली अपने साहस और लगन से निर्धनता की दलदल से ही निकलकर आए थे। इसके अतिरिक्त अपने देश के कई महापुरुष भी निर्धनता के धरातल से अपने परिश्रम, लक्ष्य की संलग्नता और सतर्कता से उठकर शून्य से शिखर पर पहुँचने में सफल हुए हैं। इनमें श्री लाल बहादुर शास्त्री, डॉ. राधाकृष्णन, ए.पी.जे. अब्दुल कलाम, के.एम. मुंशी, जमशेदजी टाटा, धीरूभाई अंबानी शामिल हैं।

मेरा कहना यह है कि अनेक बाधाओं को पार कर और ठोकर खाकर ही व्यक्ति मंजिल पर पहुँच पाता है। पत्थर पर घिस जाने के बाद ही तो रंग लाती है मेहँदी। अरे! चलो तो सही, राह के शूल आल्पस फूल बन जाएँगे। चट्टानें मोम हो जाएँगी। नेपोलियन के सामने आल्पस पर्वत भी हिम्मत हार गया था। इस पुस्तक का उद्देश्य आपके अंदर प्रसुप्त अनेक आत्मिक शक्तियों को जगाना है, ऐसी योग्यता को संप्रेरित करना है, जिससे आप सचेतन प्रयास से सितारों की दुनिया से आगे जा सकें।

अंत में अपनी सहधर्मिणी पुण्यात्मा उर्मिला सिंह को अपने हार्दिक प्रेम के अलावा कुछ नहीं दे पाऊँगा। मेजर संजय यादव, अजय, अंशुमान और समीर को उनके सहयोग और सुविधाएँ देने के लिए स्नेह सिक्त आशीर्वाद। डॉ. गोपाल कृष्ण शर्मा और श्री सुरेशचंद शर्मा के प्रोत्साहन के लिए साधुवाद तथा अनेक विद्वानों की कृतियों से लाभ उठाने के लिए मैं उनका आभारी हूँ। मेरे पाठकों को इस किताब से यदि कुछ कर गुजरने की प्रेरणा मिलती है तो अपने को कृतार्थ समझूँगा।

# अनुक्रम

*अध्याय–1*

# जीवन मार्ग और गंतव्य

***"मानव की आत्मा स्वयं अपने भाग्य की शक्ति का सृजन करती है और यह यहाँ प्रबल परीक्षण की तरह है, क्योंकि उसका अस्तित्व परमात्मा को परमशक्ति है।***

***–एन.पी. विलिस***

निश्चय ही आत्मा परमात्मा का अंश है, इसलिए उसमें परमात्मा के सभी गुण वर्तमान हैं। वह परमात्मा की शक्ति से युक्त है। यदि मनुष्य इस संसार में कोई वस्तु या सफलता प्राप्त करना चाहता है तो सारा विराट उसकी मदद करने के लिए तैयार है। मनुष्य ईश्वर की अद्‌भुत कृति है। अपने भाग्य का निर्माता। उसमें इतनी शक्ति है कि वह उसे नीचे नर्क से लेकर उच्च स्वर्ग तक ले जा सकती है और जानते हो स्वर्ग और नरक तो उसी ने बनाए हैं। वह चमत्कारी और रहस्यमय है। हम सबमें ईश्वर का निवास है। हम ईश्वर के हैं और ईश्वर हमारा है। तब संसार में कुछ पाना कठिन नहीं है। जीवन ईश्वर की विभूति है। ईश्वर ने मनुष्य को शरीर दिया और उसे आत्मा का मंदिर बनाया है। तभी तुलसीदास के कंठ से स्वर निकला–'बड़े भाग मानुस तन पावा' यही है जीवन का महत्त्व– जीवन एक अनोखी सृष्टि है, ईश्वर का उपहार है। प्रकृति की कृपा है। धरती की शान! बिना जीवन के संसार नहीं है। जीवन से ही संसार बना

है। जीवन न होता तो संसार चंद उपग्रह के सूने और सूखे रेगिस्तान की तरह होता। इस धरती को नर-नारी, पेड़-पौधे, रंग-बिरंगी चिड़ियाँ, विविध जंगली जीव-जंतु तथा अन्य छोटे-बड़े असंख्य प्राणी सजाते हैं। अतः जीवन एकांत को सजीवता प्रदान करता है। जीवन सत्य है। मधुर है और है सार्थक। महान् कवि लाँगफैलौ ने ठीक है कहा—

**जीवन यथार्थ, सत्य है।**
**कब्र इसकी मंजिल नहीं है।**

जीवन न तो दुःख है और न सुख। यह तो एक गंभीर कार्यकलाप है। हम अपने जीवन के आंशिक भाग का ही आनंद उठा पाते हैं और बस जीवन जीने की तैयारी में लगे रहते हैं और वह हमें चोर रास्ते से छोड़कर चला जाता है। जीवन को बचपन के मासूम खेलों, आनंद भरी किलकारियों और भोली अभिलाषाओं में गुजार देते हैं और हम भविष्य में आनेवाली वस्तुओं और उपलब्धियों की आशाओं और कल्पनाओं में संघर्ष करते हुए जीते है।

महापुरुष एडिसन ने कहा था, ''जीवन के इस थोड़े से समय में उतार-चढ़ाव, ज्वार-भाटा आनंद और विषाद के दिन एक-एक करके आते और चले जाते हैं। यह सच भी है।''

**सुबह होती है शाम होती है।**
**ज़िंदगी यूँ ही तमाम होती है।**

संसार के इस विशाल मैदान में हमें अनेक कर्तव्यों का पालन करना है। हमें अपने परिवार के प्रति, माता-पिता, भाई-बहन के प्रति और उससे भी ऊपर समाज व देश के प्रति अपना कर्तव्य निभाना है, लेकिन वीरतापरक कार्यों के साथ साहस और असीम उत्साह के साथ मूक पशुओं की तरह नहीं। ब्रिटेन के प्रधानमंत्री ग्लैडस्टन ने कहा था—

''कर्तव्य एक ऐसी शक्ति है जो सुबह हमारे साथ उठती है और रात को हमारे साथ आराम करने चली जाती है। यह हमारी बुद्धि और

कर्म से जुड़ी रहती है। हम जहाँ कहीं भी जाएँगे, हमारे साथ छाया की भाँति अनुसरण करेगी।''

अतः जीवन प्रेम है, कर्तव्य है, जो हमें उठने की प्रेरणा देता है। महान् कवि लाँगफैलो के अनुसार—

**हमें उठने दो और कुछ करने दो,**
**अपने भाग्य के लिए, अपने साहस और प्रसन्नता से**
**चुपचाप करते, चुपचाप लगे रहना**
**सीखने दो श्रम करना, प्रतीक्षा करना।**

उपर्युक्त कथन से स्पष्ट है मनुष्य के भाग्य का निर्माण साहस, प्रसन्नता, श्रम तथा निष्ठापूर्वक कार्य करने से होता है, जो जीवन में सफलता का द्वार खोजता है। हमारे जीवन का स्वरूप हमारी योग्यता, आत्मविश्वास और सचेष्ट प्रयत्न पर निर्भर करता है। यह जीवन सौंदर्य और शांति या लज्जा, भय, चिंता और तनाव की वस्तु है, जैसा हम इसे ढालते हैं, वैसा ही ढल जाता है। जीवन का उद्देश्य खाना-पीना, मौज उड़ाना, शानदार मकानों में रहना, मनमोहक कपड़े पहनना, वासना और विलास में डूबे रहना नहीं है, अपितु जीवन के साधारण साधनों और सामान्य गुणों के प्रयोगों द्वारा महान् परिणाम और सफलता प्राप्त करना है। एल्वा एडीसन, अल्बर्ट आइंस्टीन, माइकेल फैराडे आदि ने साधारण स्थिति में रहकर अपने प्रयोगों द्वारा मानवता का उपकार किया। उन्होंने अपने लगन, परिश्रम और निष्ठा से दुनिया की तसवीर ही बदल दी थी। आज के नौजवानों को क्या ये कुछ कर गुजरने का संदेश नहीं देते? जीवन ईश्वर की अनमोल निधि है। यह समृद्धि सुख का आकर्षण केंद्र है, जैसा महानकवि जयशंकर 'प्रसाद' ने कहा है—

**डरो मत अरे अमृत संतान अग्रसर है मंगलमय वृद्धि।**
**जीवन पूर्ण आकर्षण केंद्र खिंची आएगी सकल समृद्धि॥**

आज के भौतिकवादी तथा बाजारवादी युग में नौजवान दिशाहीन

हो गए हैं। वह यह कभी नहीं पहचान पाए कि कोशिश करके उनकी आत्मा की गहराइयों में अनेक असीम शक्तियाँ छिपी हैं। बस दुनिया की चमक-दमक में खोए जी रहे हैं। विद्यालय, महाविद्यालय तथा विश्वविद्यालयों में छात्र-छात्राओं की भीड़ मधुमक्खियों के छत्ते की तरह लगी है। उनसे पूछो कि क्यों पढ़ रहे हो? क्या करना है? तो कहेंगे पापा से पूछेंगे। मैंने अपने एक छात्र अमित से पूछा, "बेटे! क्या बनना चाहते हो पढ़कर! क्या बताऊँ गुरुजी? पिता कहते हैं डॉक्टर बनो। माँ का विचार है मैं आई.ए.एस. अधिकारी बनूँ। बड़े भाई कहते हैं—इंजीनियर बनो? मैं असमंजस में हूँ।"

यह एक दुखद और अशोभनीय बात है कि छात्र निश्चित उत्तर नहीं दे पाते। जान फॉस्टर ने कहा था इनसान की अनिश्चित और कमजोर उद्‌देश्यों वाली आत्माएँ अच्छे गुण और भावनाएँ होते हुए भी कब्रगाह बन जाती हैं।

अरे! नौजवानो! तुम इस दुनिया में महान् कार्य करने को आए हो। उठो, जगो, श्रेष्ठ मार्ग की ओर चलो, 'उतिष्ठ वरान्निबोधत:" किसी ने कहा है—

**सहारा न ले ज़िंदगी में किसी का,**
**सहारे तेरी ज़िंदगी छीन लेंगे॥**

कब तक 'लल्लू' बने रहोगे और माँ-बाप की उँगली पकड़कर चलते रहोगे, "सीढ़ियाँ तो उनके लिए हैं, जिन्हें बस छत तक जाना है, किंतु जिनकी नजर सितारों पर है, उन्हें स्वयं अपना पथ बनाना है।"

अत: आप अपना रास्ता स्वयं बनाएँ और मंजिल तय करें, कहाँ पहुँचना है। आप दुनिया के विशाल चौराहे पर खड़े हैं यहाँ आपको ही रास्ता तलाशना है। प्रत्येक व्यक्ति इस संसार में जन्म लेकर आता है, जो परिवार को, समाज को और इनसानियत को कुछ देकर जाता है। जॉर्ज वाशिंगटन, अब्राहम लिंकन, गांधीजी और नेल्सन मंडेला इस धरती पर एक लक्ष्य, एक

उद्देश्य लेकर आए थे। अपनी साधना, लगन और निष्ठा से अपने देश को आजादी के चिराग से रोशन कर गए, जिसकी रोशनी में सदियों की गुलामी, अन्याय, अत्याचार और शोषण का अँधेरा गुम हो गया।

मानव जीवन का उद्देश्य महान् है। मानव इस धरती पर महान् कार्य करने के लिए आया है। हम इस धरती पर अपनी महान् भूमिका निभाने आए हैं और हम यह भी जानते हैं कि इस संसार से एक दिन विदा होना है। इसलिए इस छोटी-सी ज़िंदगी में कोई सार्थक कार्य करें और अपनी मधुर यादें छोड़कर जाएँ। अपने सुकर्मों से किसी को अपनी यादों का अहसास करा जाएँ, वरना यह दुनिया है, यहाँ किसी के आने-जाने से फर्क नहीं पड़ता है। मानव कल्याण के लिए सतत साधना-रत रहना है। कविवर जयशंकर प्रसाद ने कहा है—

**जीवन का उद्देश्य नहीं है, श्रांत भवन में टिक रहना।**
**किंतु पहुँचना उस सीमा तक, जिसके आगे राह नहीं॥**

मनुष्य की ज़िंदगी उसके विचारों के अनुकूल ढलती है। जैसे उसके विचार होंगे, वैसा ही वह बन जाता है। यदि वह अपने को छोटा समझता है, तो वह छोटा हो जाएगा। यदि अभागा और कमजोर मानता है, वह अभागा और कमजोर हो जाएगा। मनुष्य स्वयं अपने को बनाता और बिगाड़ता है। सकारात्मक सोच ही जीवन है और नकारात्मक विचार मृत्यु। प्रथम विचार क्रियाशील बनाता है और दूसरा निष्क्रिय। आशा और आकांक्षा स्वस्थ्य, सुख, समृद्धि, सफलता और प्रतिष्ठा के बीज हैं। बिना आकांक्षा के जीवन जड़ है, जो पतन की ओर ले जाता है। आशा आनंद का मार्ग है। अंग्रेज कवि गोल्ड स्पिथ ने कहा था, "आशा एक झिलमिल दीप की रोशनी है, जो ज़िंदगी की राह को खुशियों से सजाती है।" अतः मनुष्य को अपनी परिस्थितियों के अनुकूल आशावादी सकारात्मक विचार रखना जरूरी है, जो हमें सदैव क्रियाशील और सुखी बनाए रखते हैं, क्योंकि हमारी भावनाएँ, विश्वास और ज्ञान हमारे विचारों

पर निर्भर करते हैं। सकारात्मक सोच वाले व्यक्ति उत्साही और क्रियाशील रहते हैं, दूसरी ओर नकारात्मक विचार वाले व्यक्ति सुस्त और निराशावादी होते हैं। सफलता चाहने वाले लोगों को अपने दिमाग से असफल होने की भावना को निकालना जरूरी है और लगातार कठोर परिश्रम करना चाहिए। कभी प्रयत्न, परिश्रम और धैर्य नहीं छोड़ना चाहिए।

यही आपको जीवन में सफलता प्रदान करेगा। जब कभी मुसीबतों का सामना करना पड़े, तो याद रखें—

1. आसानी से हार को स्वीकार न करें।
2. डरना छोड़ें, किंतु उम्मीद न छोड़ें
3. पूर्ण कोशिश करें,
4. धीरे-धीरे संघर्ष करें। दृढता से कार्य करें, सफलता चाहने वालों को आराम हराम होता है।

हेलन कीलर अंधी, बहरी और गूँगी थी। उनकी साधना इतिहास की अविस्मरणीय घटना है। उन्होंने चौदह भाषाओं का ज्ञान हासिल किया, कई पुस्तकें लिखीं। एक टूटी टाँग वाले व्यक्ति ने एवरेस्ट की चोटी पर चढ़कर साहस का परिचय दिया। ये उदाहरण सफलता के लिए साधना का पैगाम देते हैं। किसी ने कहा है—

**मंजिल आकर चरण चूम लेगी,**
**मुसाफिर से कह दो, हिम्मत न हारे॥**

किसी वस्तु को पाने की प्रबल-भावना को इच्छा कहते हैं। ईश्वर की इच्छा ही मानव के दिल और दिमाग में उभरती है, जिसमें यह शक्ति होती है, वह संसार के महान् कार्य करने में समर्थ है। इच्छा अपनी राह तलाश लेती है। इच्छा-शक्ति ही विचार-शक्ति को कार्य में परिणत करती है। इच्छा-शक्ति आत्मा की गहराई से निसृत अद्‌भुत प्रेरणा है, जो असंभव को संभव कर सकती है। दार्शनिक सैसिल ने तो यहाँ तक कह दिया है कि "आत्म-शक्ति ऐसी शक्ति है, जो दुनिया के टुकड़े करके

बैठने के लिए स्टूल बना देगी।''

इससे यह स्पष्ट होता है कि जीवन में सफलता और असफलता के निर्णायक तत्त्वों में इच्छाशक्ति की अहं भूमिका होती है। मनुष्य सभी कार्य इच्छाशक्ति से प्रेरित होकर करता है। मनुष्य के कर्म ही स्वास्थ्य, सुख, समृद्धि और सफलता के पायदान होते हैं। इच्छाशक्ति का अभाव जीवन की विफलताओं का मूल कारण होता है। इसके रहते व्यक्ति छोटी-छोटी आदतों का गुलाम बनकर रह जाता है। ये छोटी-छोटी नैतिक और चारित्रिक दुर्बलताएँ जीवन की बड़ी-बड़ी त्रासदियों को जन्म देती हैं।

इच्छाशक्ति से ही व्यक्ति अधिकतर उपलब्धियाँ हासिल करता है। दुनिया में इच्छाशक्ति के कारण ही अनेक आविष्कार हुए हैं। इच्छाशक्ति के प्रबल वेग से कोलंबस ने नई दुनिया की खोज की। मनुष्य की प्रबल इच्छा और जिज्ञासा के कारण ही मंगल ग्रह तक पहुँचने का प्रयास जारी है। क्या अल्वा ऐडिसन, जॉन हैम्फ्री, आइंस्टीन, न्यूटन आदि कितने ही वैज्ञानिकों को क्या दुनिया भुला सकेगी? उन्होंने अपनी शक्ति और दृढ निश्चय से मानवता को जीवन जीने का उपहार दिया है। जब तक सूर्य, चंद्र और पृथ्वी रहेगी, तब तक उनकी यादों का उजाला बरकरार रहेगा।

सफलता चाहने वाले लोगों को महान् लोगों की जीवनियों से संदेश लेकर इच्छाशक्ति का संबल लेकर, अटल संकल्प के साथ अपने व्यक्तिगत जीवन के लिए, परिवार, समाज तथा पड़ोसियों के लिए, देश के लिए, उससे ऊपर मानवता के लिए कार्य करना चाहिए। कविवर जयशंकर प्रसाद ने कहा है—

**शक्ति के विद्युत कण हो व्यस्त,**
**बिकल बिखरे हैं, हो निरुपाय।**
**समन्वय सबका करे समस्त,**
**विजयिनी मानवता हो जाय॥**

## आशा व उम्मीद

*"सच कहा जाए तो मनुष्य की ज़िंदगी आशा व उम्मीद पर निर्भर करती है। आशा के सिवाय और तो कुछ उसके पास है नहीं, उसकी दुनिया आशा के पुरजोर स्थान पर ही आधारित है।"*

***—कार्लाइल***

"सच, आशा ज़िंदगी का उजाला है और निराशा है अँधेरा।" यही उजाला मनुष्य को घर के अँधेरे से निकालकर प्रकाश की देहरी तक लाता है। हम यूँ भी कह सकते है—जीवन आशा है और आशा ही जीवन है। ज़िंदगी में सफलता का राही उम्मीद की रोशनी में मंजिल की ओर बिना थके बढ़ता चला जाता है, नदी की धारा की तरह। किसी ने कहा भी तो है—

**दरिया की ज़िंदगी पर सदके हज़ार जानें,**
**मुझको नहीं गवारा साहिल की मौत मरना।**

मनुष्य वृक्ष लगाता है, क्यों? इसी उम्मीद में कि उस पर फूल और फल आएँगे और उसकी शीतल छाया में ज़िंदगी की सुखद घड़ियाँ गुजारेगा। माँ-बाप अपने मासूम बच्चे का पालन-पोषण इसी आशा में करता है कि वह आगे वंश को बढ़ाएगा, बुढ़ापे का सहारा बनेगा और उनका राजदुलारा दुनिया में उनका नाम रोशन करेगा सूरज की तरह, चंदा की तरह।

उम्मीद और आशा में मनुष्य की कार्य-क्षमता बढ़ जाती है। अमित की बलवती इच्छा थी कि वह आई.ए.एस. अधिकारी बने। इसी आशा में कठिन परिश्रम किया और सफलता हासिल की। दूसरी ओर मेरे पड़ोसी के पुत्र ने निराश होकर कहा कि यह असंभव है, क्योंकि मेरी न तो कोई सिफारिश है और न रिश्वत देने को धन है। मनुष्य की निराशा का यह एक नायाब बहाना है। उसकी इच्छाशक्ति और आशा की दिल और दिमाग में मौत हो चुकी थी। आशा तो ज़िंदगी की सुखद अनुभूति है। चलोगे, तभी तो मंजिल मिलेगी। चलो तो सही, सफलता पाने के लिए सफर में मील

के पत्थर मत गिनो। बस उपनिषद् के शब्दों को याद रखो चरैवेति, चरैवेति' जीवन की गति को विश्राम नहीं है। किसी शायर ने ठीक कहा है—

**मील के पत्थर पर यह इबारत लिख दो।**
**मायूस इरादों से कभी मंजिल नहीं मिलती॥**

हाँ, उम्मीदों के जुनून में हम अनर्गल इच्छाएँ पाल लेते हैं, जिन्हें बताने में भी हमें शरम लगती है। जैसे घमंडी व्यक्ति सम्मान चाहता है, कंजूस प्रभूत धन, द्वेष करने वाला अपने दुश्मनों से बदला लेना चाहता है। भोगार्थी व्यक्ति आनंद और लंबी ज़िंदगी, वंध्या नारी संतान, मनचली सुंदरता, हर एक अपनी इच्छाओं में खुश होता है। यद्यपि यह ईश्वर की इच्छा और स्वयं के कल्याण का विरोधी है। अनगिनत इच्छाओं में उम्मीदों का दम घुट जाता है।

कुछ ख्वहिशों तो हमारे दिल में ही हमेशा के लिए दफन हो जाती हैं। इनसान के सभी अरमान तो पूरे नहीं होते। देखिए एक शायर का दिल कैसे टीसता है—

**हजारों ख्वाहिशें ऐसी कि हर ख्वाहिश पे दम निकले,**
**बहुत निकले मेरे अरमाँ, मगर फिर भी कम निकले॥**

कल्याणकारी आशा का दीप लेकर चलें, मार्ग के मुश्किलों के अँधेरे छँट जाएँगे और सफलता का गुलाबी प्रभात जीवन को सार्थक बना देगा।

**आत्मविश्वास**—व्यक्ति का अपनी योग्यताओं, गुणों और निर्णय में विश्वास रखना ही आत्मविश्वास कहलाता है। विवेकानंद के अनुसार-प्राचीन धर्म कहा करता था कि जो मनुष्य ईश्वर में विश्वास नहीं रखता, वह नास्तिक है, किंतु नया धर्म कहता है कि जो व्यक्ति स्वयं में विश्वास नहीं रखता, वह नास्तिक है। अत: स्वयं पर विश्वास करना ही ईश्वर पर विश्वास करना है। आत्मविश्वास जन्मजात नहीं है, यह तो अभ्यास के साथ विकसित किया जाता है। आत्मविश्वास के अभाव में हमारे दिल और दिमाग में चिंता, तनाव, परेशानी और उलझन तथा नकारात्मक कल्पना

उत्पन्न हो जाती है, जो सफलता की राह में बाधक है।

याद रखने की बात है कि यदि हमारे दिल में जीतने की चाह है तो हम अवश्य जीतेंगे और वांछित फल प्राप्त करेंगे। ज़िंदगी में सफल होंगे। यदि हमारे दिल में अविश्वास की भावना है तो असफलता ही हाथ लगेगी। जो कुछ करना है, उसकी प्राप्ति का दृढ निश्चय करें। आपको जानकर यह हैरत होगी कि जापान का पर्वतारोही यूचिरो मियूरा अस्सी वर्ष की उम्र में एवरेस्ट पर चढ़ने के लिए तैयार है। वह पहले भी दो बार एवरेस्ट पर अपनी सफलता का बिगुल बजा सका है, यहाँ तक कि चार बार उसके दिल की सर्जरी हो चुकी है। हरवर्ट स्पेंसर की सुनिए, ''यदि आप अपनी सहायता स्वयं करेंगे तो ईश्वर भी आपकी मदद करेगा।''

प्रसिद्ध वैज्ञानिक आर्कमिडीज ने बड़े विश्वास के साथ कहा था, ''मुझे खड़े होने का स्थान दो, मैं दुनिया को हिला दूँगा'' लेकिन दार्शनिक गेटे ने इस धारणा को बदलते हुए कहा, ''पहले अपने खड़े होने के लिए अच्छा स्थान बनाओ, तब दुनिया को हिलाना।''

कहने का अर्थ है कि सफलता के लिए अपना रास्ता बनाएँ। याद रखें ''मन के हारे हार है, मन के जीते जीत।''

सफलता के लिए हमें हमेशा अपनी आत्मा की आवाज पर राह बनाना जरूरी है। नित्य यह सोचना है कि मैं विश्वस्त हूँ, वास्तव में मुझे स्वयं पर विश्वास है। ज़िंदगी में मायूस और नाशाद होना अपनी और ईश्वर की तौहीन है।

तभी तो किसी शायर ने दुखी दिल से कहा है—

**उस मायूस मुसाफिर की क्या कहिए,**
**जो बैठ जाए हार कर मंजिल के सामने॥**

**आत्मसंयम**— इस संसार में जो कुछ कर गुजरने की साध रखते हैं, उन्हें आत्मज्ञान तथा आत्मसंयम की जरूरत है। कहीं पहुँचने के लिए आत्म अनुशासन और आत्म नियंत्रण परमावश्यक है। आत्मसंयम हमारे शरीर

की सारी क्रियाओं पर नियंत्रण रखता है। बहुत से लोग आत्मसंयम के कारण जीवन भर गौरवशाली बने रहते है उनके घर में सुख, शांति और संतोष का माहौल होता है। बच्चे, पत्नी तथा परिवार के सभी लोग संतुष्ट होकर जीते हैं। संयम से मनुष्य के शरीर में शक्ति, दिमाग में बुद्धि तथा सारी शारीरिक रचना में शुद्ध भावना का रक्त तैरता है। सर डब्ल्यू टैंपल के अनुसार "शरीर आत्मसंयम जवानी का मार्गदर्शक, बुढ़ापे का सहायक, बौद्धिक सिद्धांत है। आत्मा का चिकित्सक है तथा शारीरिक स्वास्थ्य की सारभौमिक ओषधि है, जो सफलता के उजाले की ओर ले जाती है।"

महात्मा गौतम बुद्ध ने कहा था, "जिसने अपने आपको जीत लिया है, उसकी जीत को देवता भी हार में नहीं बदल सकते। दृढनिश्चयी सभी कार्य करने में समर्थ होता है। ऐसा जान फॉस्टर का विचार है कि जो व्यक्ति किसी महान् उद्देश्य तथा संसार की भलाई के बारे में सोचकर चलता है, वह अपने रास्ते की सारी मुसीबतों को दूर करके सफलता और आत्मनिर्भरता के उपाय तलाशता है। उसकी रग-रग में साहस की बिजली तैरती है। तब उसे असंभव को संभव करने से कोई नहीं रोक पाता। दुर्बल तन में शक्ति आ जाती है और सफलता और मंजिल उसके चरण चूमने की बुलाती है। दिशाहीन नौजवानों को जरा-सी जान नन्ही चींटी से दाना लेकर आगे बढ़ना चाहिए, देखिए-

**नन्ही चींटी जब दाना लेकर चलती है।**
**चढ़ती दीवारों पर सौ बार फिसलती है।**
**मन का विश्वास रगों में साहस भरता है,**
**गिरकर चढ़ना, चढ़कर गिरना।**
**उसे नहीं अखरता है।**
**आखिर उसकी मेहनत बेकार नहीं होती,**
**कोशिश करने वालों की कभी हार नहीं होती।**

□

*अध्याय–2*

# सफलता अर्थ और अवधारणा

*"सफलता की मंजिल तक धीरे-धीरे कदम-कदम चलकर पहुँचते हैं, अचानक एक उड़ान से नहीं। यही धन, ज्ञान और प्रतिष्ठा का रास्ता है।"*

**–चार्ल्स बक्सटन**

उपर्युक्त कथन से यह स्पष्ट है कि कोई भी व्यक्ति इस संसार में अचानक सफल नहीं हो जाता। जो व्यक्ति ज़िंदगी में सफल होना चाहता है, उसे धन, ज्ञान और प्रतिष्ठा प्राप्त करने के लिए अपना उद्देश्य प्रारंभ में ही स्पष्ट रूप से समझ लेना जरूरी है। वही व्यक्ति सफल होता है, जो अपना उद्देश्य पूरा करने के लिए आदतन अपनी सारी शक्तियाँ लगा देता है, यहाँ तक कि प्रतिभाशाली व्यक्ति भी सफलता हासिल करने के लिए लगन और निष्ठा से प्रयत्नशील रहता है। लेखक सी. वेडिट ने तो स्पष्ट किया है कि "जीवन में सफलता पाने के लिए प्रतिभा और अवसर की उतनी जरूरत नहीं है, जितनी चित्त की एकाग्रता और धैर्य की।"

अकसर महान् उपलब्धियाँ जीवन में सरल उपायों और सामान्य गुणों के प्रयोग द्वारा प्राप्त की जाती हैं, जिनमें सामान्य बुद्धि और धैर्य की अहं भूमिका रहती है। शेरडिन के अनुसार, "जीवन में सफल होने

का कोई सुनिश्चित उपाय नहीं है।" किंतु किसी व्यवसाय में सफल होने के लिए व्यवसाय की जानकारी और उसकी स्थिति को समझकर कार्य करना जरूरी है। एक अंग्रेज लेखक का कहना है—"यदि आप जीवन में सफल होना चाहते हो तो धैर्य को घनिष्ठ मित्र बनाएँ, अनुभव को समझदार सलाहकार, सावधानी को बड़ा भाई और आशा और उम्मीद को अपना प्रतिभाशाली अभिभावक चुनें।"

सफलता पाने का मूल मंत्र है लगातार किसी कार्य में लगे रहना, अस्थिरता से मनुष्य अपनी मंजिल से भटक जाता है। सच बात है कि जो चलते हैं, वे देर-सवेर मंजिल तक पहुँच ही जाते हैं। सफलता विरासत में नहीं मिलती। यह मनुष्य की व्यक्तिगत साधना का प्रतिफल है।

**सफलता क्या है?**

सफलता जीवन की सार्थकता है। मनुष्य सदियों से जीवन को सार्थक बनाने के लिए प्रयत्नशील रहा है। वह अतीत के अँधेरे में गुम होकर जीना नहीं चाहता, वह भविष्य का उजाला देखने के लिए आतुर है। आगे बढ़ना ही उसकी प्रवृत्ति है, एक जगह ठहरे रहना उसका मिजाज नहीं है। आगे बढ़ना ही उसका उद्देश्य है। दार्शनिक गेटे का कहना है, "प्रकृति रुकना नहीं जानती, वह प्रगतिशील है, जो सदैव विकास की ओर बढ़ती है, निष्क्रियता उसके लिए अभिशाप है।" तब प्रकृति पुत्र मानव एक जगह कैसे ठहर सकता है। वह साधना पथ पर चलकर भावातिरेक में कहता है—

**तोड़ दो यह क्षितिज, मैं भी, देख लूँ, उस ओर क्या है?**
**जा रहे जिस पंथ से युग कल्प उसका छोर क्या है?**

क्या कभी आपने सूर्य को थमते देखा, धरती चल रही है, चंद्र चल रहा है, वह भी नियमित ढंग से। मनुष्य निष्क्रिय नहीं रह सकता है। लक्ष्य प्राप्ति ही सफलता है। जिस तरह नदी को समुद्र से मिलना है।

यदि रुक गई तो उसका जल सड़ने लगता है, वैसे ही मनुष्य को अपने उद्देश्य तक पहुँचना है। उसका लक्ष्य पहुँचना ही सफलता है। सफलता का परिकर बहुआयामी है, चाहे वह राजनीतिक, सामाजिक, आर्थिक तथा सांस्कृतिक भले ही हो, उसे तो अपना जीवन सार्थक बनाना है। जीवन को सार्थक बनाना है तो मानव की सफलता 'सर्वजन हिताय' होनी चाहिए। जीवन ईश्वर का उपहार है। वह अपने लिए जीने के लिए नहीं है। स्वयं सुखी होकर दूसरों को सुखी करने के लिए अपनी सारी शक्ति लगा दे क्योंकि अपनी खोज तथा सृजन को मानव कल्याण में लगाना ही जीवन की सार्थकता है।

सफलता को परिभाषित करते हुए थॉमसन ने कहा है, ''सफलता वह है, जो सभी को जीवन में प्रभावित करती है, भूखों की प्रशंसा करती है, दुष्टों को ईमानदार बनाती है। सफलता कैसे भी प्राप्त की गई हो, इसमें अहं के सारे गुण होते हैं, जो मिथ्याभिमानी दुनिया से सफलता और सत्ता की चापलूसी कराती है।'' इस कथन का आशय है कि सफलता प्राप्त करके व्यक्ति अभिमानी हो जाता है। मूर्ख भी प्रशंसा चाहते हैं और ईमानदारी का ढोंग रचते है, किंतु सच्ची सफलता तो वह है जो जनोपयोगी हो। महान् वैज्ञानिकों ने सतत साधना और बार-बार अपने प्रयोगों द्वारा सफलता प्राप्त की, तो वह सराहनीय है। महान् वैज्ञानिकों की अविस्मरणीय देन है। मैकमिलन की साइकिल, फोर्ड की मोटर, स्टीवेंसन की रेलगाड़ी, राइटब्रदर्स के हवाई जहाज ने इनसान के सफर को आसान कर दिया है। बिजली और अल्वा एडिसन के बल्ब ने ज़िंदगी को सुविधाजनक तथा आरामदायक बना दिया है। तमाम बीमारियों की नई-नई ओषधियों की खोज करके मनुष्य को जीवन प्रदान किया है। आज के नौजवानों को ऐसी ही सफलता प्राप्त करने का लक्ष्य बनाना आवश्यक है।

सफलता के लिए अंग्रेजी भाषा 'सक्सेस' शब्द का प्रयोग हुआ है।

'सक्सेस' शब्द लैटिन भाषा के 'सक्सेस' से लिया गया है, जिसका शाब्दिक अर्थ है लक्ष्य या उद्देश्य को प्राप्त करना जिसमें धन, ज्ञान, प्रतिष्ठा और सामाजिक स्तर को समाहित किया जाता है।

**विकास का उद्देश्य**—व्यक्ति जड़ नहीं है, वह तो गतिशील प्राणी है, आगे बढ़ना उसकी नैसर्गिक प्रकृति है। बाइबिल के अनुसार ईश्वर ने पहला इनसान आदम को बनाया। वह अकेला था, उसके चेहरे पर उदासी की परछाइयाँ देखकर उसकी संगिनी बनाकर भी उपहार में दी। साथ ही यह आदेश दिया कि 'ईडन गार्डन' की ओर मत जाना, लेकिन वह नहीं माना और दंडित भी हुआ।

निश्चित ही मानव की अंतश्चेतना उसे आगे बढ़ने के लिए बाध्य करती है। मधुमक्खी अपनी आंतरिक प्रवृत्ति से वायु के विशाल सागर में उड़ती है और खिले हुए फूलों से मधु लेकर आती है और अपने छत्ते में संचित करती है। क्या किसी ने उसे सिखाया है? बतख को जल में तैरना किसी ने नहीं सिखाया। लेखक इमर्सन ने कहा है, ''हमारी सारी प्रगति गुलाब की कली की तरह खिली है। पहले हमारी प्रवृत्ति, विचार में, उसके बाद ज्ञान में विकसित होती है, तब हम उसे क्रियात्मक रूप देते हैं। अतः हमें अपनी प्रवृत्ति को अपने उद्देश्य में महत्त्व देना अनिवार्य है। जिस तरह मधुमक्खी मधु संचयन को फूलों की ओर जाती है, उसी प्रकार हम भी अपने लक्ष्य की ओर बढ़ते हैं। तभी हम जीवन में धन-संपदा, ज्ञान, सामाजिक प्रतिष्ठा पाने में सफलता हासिल करते हैं।

यदि आदिमानव से लेकर आज तक मनुष्य अपनी साधना, लगन और निष्ठा से खोज और आविष्कार नहीं करता तो दुनिया स्वस्थ, सुरक्षित और इतनी खूबसूरत नहीं होती। संसार की दूरियाँ और समय सीमा सिमट गई हैं। संचार प्रणाली के विकास से हजारों किलोमीटर दूर बैठे स्वजनों से कुछ क्षणों में ही बातचीत कर सकते हैं। ग्लोबल विश्व सही अर्थ में 'वसुधैव कुटुम्बकम्' के परिकर में आ गया है। अतः हमारा भी

यह दायित्व है कि जन-कल्याण के लिए ऐसा कुछ कर जाएँ, जिससे आनेवाली पीढ़ियाँ लाभान्वित हो सकें।

जीवन धन है। हमें इसे दूसरों के हित में व्यय करना है। महान् वैज्ञानिक आइंस्टीन ने कहा था, "हमारी स्थिति इस धरती पर विलक्षण है। हम में से प्रत्येक कुछ थोड़े समय के लिए आता है। हम नहीं जानते क्यों? दैनिक जीवन के दृष्टिकोण से तो हम कुछ नहीं जानते, किंतु कभी-कभी दिव्य उद्‌देश्य दिखाई पड़ता है। यह जीवन तो दूसरे मनुष्यों के हित के लिए है असंख्य अज्ञात आत्माओं के लिए है, जिनके भाग्य हमारी सहानुभूति से बँधे हुए हैं। हमें उन अज्ञात, आत्माओं से प्यार करना है तथा उनकी मदद करनी है।" सहानुभूति एक ईश्वरीय गुण है, जो धरती पर स्वर्ग की रचना करता है। हमें अमृत से भरे इन शब्दों को सदैव याद रखना चाहिए—

**हम आए हैं इस दुनिया में,**
**प्यार कराने नहीं, प्यार करने।**
**कुछ पाने नहीं, कुछ देने,**
**सेवा कराने नहीं, सेवा करने॥**

इस भावना को हृदय में बसाकर और क्रियाशील रहकर हमें जीवन को सार्थक बनाना है। विचार जीवन की दिव्य पूँजी है। इसी के अनुरूप जीवन ढल जाता है। जैसा कि हम जानते हैं। मंदिरों में भव्य मूर्तियाँ होती है, जो मानव जाति को सदियों से प्रभावित करती आ रही है, लेकिन वास्तव में मानसिक विचार और बिंब मनुष्य के दिमाग की अदृश्य शक्तियाँ है, जो निरंतर उसे नियंत्रण में रखती हैं और मंजिल की ओर ले जाती हैं यही सफलता का मर्म है।

**सफलता के आयाम**—सफलता का कोई दायरा नहीं है। इस धरती पर तरह-तरह के लोग हैं, अलग-अलग उनकी इच्छाएँ और रुचियाँ हैं। विचार भी भिन्न-भिन्न हैं। विभिन्न नदियों की तरह 'मुंडे-मुंडे

भतिर्भिन्ना : तब वह अपने रुचिकर क्षेत्रों में सफलता प्राप्त करने का प्रयास करते हैं। इस दुनिया में जो मन भाए, वहीं काम रास आए, क्योंकि किसी इनसान की काम करने की क्षमता में उसकी रुचि का अहं योगदान होता है। हाल ही में एक रिसर्च से ज्ञात हुआ है कि मनुष्य काम में कितना बेहतर प्रदर्शन करेगा, नौकरी के लिए आए नौजवानों से साक्षात्कार में पूछा गया कि उनकी पसंद और रुचि क्या है। बागलिंग ग्रीन यूनिवर्सिटी में साइकॉलोजिकल साइंटिस्ट क्रिस्टोफरने के अनुसार—

"कुछ समय पहले निजी जीवन या व्यावसायिक स्तर पर किसी व्यक्ति की रुचि को उसकी काम करने की क्षमता से जोड़कर देखा नहीं जाता था।" किंतु आधुनिक खोजों से यह स्पष्ट हो गया है कि अपनी पसंद और रुचि से लोग अपने काम में बेहतर प्रदर्शन करते हैं।

अत: आज के दौर में नौजवान अपना मनचाहा व्यवसाय चुनें और उसी को मनोयोग से करें। राजनीतिक, आर्थिक, सामाजिक और सांस्कृतिक कोई भी क्षेत्र हो, सफलता जरूर! हाँ, जरूर मिलेगी। कोई संदेह नहीं है। पंचतंत्र में जो कहा गया है, वह पूर्णत: सत्य और सार्थक है—

**दुष्प्राप्याणि बहूनि च लभ्यंते वांच्छितानि द्रव्यानि,**
**अक्षर तुलितामिरलं, तनुभिः साहसिक पुरुषाणाम॥**

अर्थात् कार्य के समय अपने शरीर को तुला पर चढ़ा देने वाले, जान की बाजी लगा देनेवाले, साहसी व्यक्तियों को अभिलषित संपत्ति तो मिल ही जाती है और उसके अतिरिक्त अनेक दुष्प्राप्य वस्तुएँ भी मिल जाती हैं।"

इसा तरह से शक्ति, प्रबल इच्छाशक्ति और आत्मविश्वास से मनुष्य जीवन के प्रत्येक क्षेत्र में सफल हो जाता है। याद रखने योग्य है कि इस संसार में शरीर को कष्ट बिना दिए अनायास ही ज्ञान, धन और सामाजिक प्रतिष्ठा नहीं मिल जाते। किसी ने ठीक ही कहा है, "साहस के आगे पर्वत भी हिल जाता है। आओ सफलता के कुछ आयामों पर प्रकाश डालें। अरे! हाँ यहाँ मुझे बैंजामिन फ्रेंकलिन की बात याद रही है,

"अध्ययनशील व्यक्ति को ज्ञान, सचेष्ट और क्रियाशील व्यक्ति को धन और साहसी और बहादुर व्यक्ति को सत्ता पर अधिकार हो जाता है, किंतु गुणवान तथा आध्यात्मिक व्यक्ति स्वर्ग का आनंद उठाता है।"

**ज्ञान की सफलता**—जैसा कि फ्रेंकलिन ने कहा है कि नित्य अध्ययन करने वाले को ज्ञान के क्षेत्र में सफलता मिलती है, जिससे उसके व्यक्तित्व का विकास होता है। ज्ञान के आलोक में जीवन के हर क्षेत्र में मनुष्य सफलता के शिखर पर पहुँचता है। कहानी है कि वोपदेव को अपने उनके गुरु ने उनकी जड़ता देखकर अपने आश्रम से निकाल दिया था, दुखी और उदास मन से राह में चले जा रहे थे, किंतु थक कर किसी कुएँ की जगत कर जा बैठे उनकी निगाह कुएँ के किनारे पर पड़ी तो देखा रस्सी के आने-जाने की रगड़ से किनारे घिस गए थे, जिसे देख उनके दिमाग में ज्ञान की चमक उठी और आश्रम को चले गए और अभ्यास में जुट गए। ज्ञान के शिखर को छू लिया। इस कथन को सत्य कर दिया—

**करत-करत अभ्यास के जड़मति होत सुजान।**
**रसरी आवत जात से सिल पर पड़त निशान॥**

कहावत है कि अभ्यास मनुष्य को पूर्ण बना देता है। व्याकरणवेत्ता पाणिनी के साथ यही घटना घटी थी। उन्होंने अभ्यास, लगन और निष्ठा से उच्चकोटि का ज्ञान प्राप्त किया और भाषा को, व्याकरण को मर्यादित किया। महान् वैज्ञानिक आइंस्टीन के बचपन में स्कूल के हैडमास्टर ने गणित में उनकी मंदता देखकर निकाल दिया था। उनके पिता अपने लड़के के हैडमास्टर से मिले और दाखिले का निवेदन किया? "सर, बच्चे का दाखिला कर लीजिए ना।" किंतु हैडमास्टर ने उत्तर दिया—यह लड़का ज़िंदगी में कुछ नहीं कर सकता, यहाँ तक कि क्लर्क भी नहीं बन सकता। परिश्रम, लगन और ध्येयनिष्ठता से आइंस्टीन विश्व प्रसिद्ध वैज्ञानिक बने। अपनी आंतरिक प्रेरणा का अनुसरण करते हुए

आगे लक्ष्य की ओर बढ़ते रहे और उनकी बुद्धि सूर्य की किरणों से विकसित होने वाली कमलिनी के समान हमेशा विकसित होती रही। इस तरह उन्होंने अपना जीवन सार्थक और सफल बनाया।

**धन प्राप्ति की सफलता**—एंडरूकारनेगी के अनुसार यदि दुनिया के इतिहास से गरीबों को निकाल दिया जाए तो इतिहास में कुछ भी नहीं बचेगा, क्योंकि धन और समृद्धि की इबारत तो इतिहास में गरीबों ने ही लिखी है। अमीरी का रास्ता गरीबी से ही गुजरता है। क्या आप बताएँगे कि चाणक्य और चंद्रगुप्त पर कितना धन था? क्या रौकफैलर और हेनरी फोर्ड धनी थे? भारतरत्न जमेशदजी टाटा ने गरीबी में रहकर ही धनी होने का रास्ता बनाया था। ऐसे कई उदाहरण हैं, जिनसे ज्ञात होता है कि ऐसे अनगिन लोग हैं, जिन्होंने अपनी योग्यता, सोच, परिश्रम और मितव्ययिता से धनी होने में सफलता प्राप्त की। निर्धनता इतनी दुखद नहीं है, जितना हमारा सोचना। अकर्मण्यता और आलस्य।

आलस्य सभी रोगों की जड़ है। सभी बुराइयों का आधार है, यहाँ तक कि यह मनुष्य को भीख माँगने के लिए बाध्य कर देता है। आलस्य तो धीरे-धीरे आता है लेकिन गरीबी उसकी राह में तेजी से आ धमकती है। बैंजामिन फ्रेंकलिन सत्रह भाई-बहन थे, सोचिए इतने बड़े परिवार में गरीबी तो स्वाभाविक थी। गरीबी से फ्रेंकलिन पीड़ित होकर न्यूयार्क सौ मील की यात्रा करके पहुँचे थे। पैरों में छाले पड़ गए थे, किंतु उन्होंने हिम्मत नहीं हारी थी। किसी ने जैसा कहा है, "मंजिल आकर चरण चूम लेगी, मुसाफिर से कह दो हिम्मत न हारे।" आखिर उन्हें सफलता मिली। जो इतिहास का न्यास बन गई। इतने परिश्रमी और लगनशील थे कि कई राजाओं के साथ बैठकर भोजन किया था। उन्होंने प्रथम विश्व युद्ध के बाद 1920 में 'लीग ऑफ नेशंस' की स्थापना की थी। उन्होंने धन प्राप्ति का रास्ता बताते हुए कहा है, "धन अर्जित करने का सीधा रास्ता है, यह दो बातों पर निर्भर करता है, परिश्रम और मितव्ययिता।

इससे न तो समय नष्ट होता है और न धन। इन दोनों का सदुपयोग करें।'' बिना परिश्रम और मितव्ययिता के कुछ हासिल नहीं होगा। लोक में यह एक कहावत प्रचलित है—

**अक्षर-अक्षर के पढ़े, मूरख होइ सुजान।**
**कौड़ी-कौड़ी जोड़ के, निर्धन होय धनवान॥**

देखना है कि धन कैसे पाया जाए। कहा जाता है, ''व्यापारे वसति लक्ष्मी।'' स्पष्ट है कि व्यापार करने से धन पाया जाता है। सारे संसार में आयात-निर्यात के द्वारा राष्ट्र अपनी आर्थिक स्थिति को मजबूत करते हैं। हमारे अनुसार व्यापार मानव के संबंधों का विज्ञान है। व्यापार तो वहीं चलेगा, जहाँ मनुष्य रहते हैं, थाईलैंड के घने जंगलों में नहीं, हाँ लेकिन अमेरिका के प्रसिद्ध धनी हैनरी फोर्ड के अनुसार व्यक्ति में व्यावसायिक भावना की जरूरत है और व्यावसायिक भावना को ईमानदारी और सत्यनिष्ठा की।

व्यापार में हानि और लाभ साथ-साथ चलते हैं। किसी काम को करने से पहले हानि-लाभ का गणित लगाने से व्यक्ति सही निर्णय नहीं ले सकता। वह कभी सफल व्यापारी नहीं हो सकता। यदि ज़िंदगी में आर्थिक रूप से सफल होना है तो हानि-लाभ की चिंता न करके व्यापार करें। जब तक आप जोखिम नहीं उठा सकते तो जीवन में महान् उपलब्धि संभव नहीं है। पीटरो मैटास्टस्टेशियो का कथन है—''प्रत्येक श्रेष्ठ उपलब्धि खतरे और जोखिम से ही आती है।

यहाँ धनार्जन की पारंपारिक विधियाँ दर्शनीय हैं—

1. भीख माँगना 2. सरकारी नौकरी करना 3. खेती करना 4. विद्यापार्जन 5. व्यावहारिक लेन-देन 6. व्यापार।

ठीक कहा है—वाणिज्याक्तिमपि परमं वर्तनमिह।''

अर्थात् वाणिज्य से बढ़कर धन कमाने का श्रेष्ठ कोई साधन नहीं है। हैनरी फोर्ड का कथन है कि सभी प्रकार के व्यवसाय और जीविका के

साधनों में व्यापार अत्यधिक लाभदायक है।

**राजनीतिक सफलता**—मनुष्य की मनोवृत्ति ऐसी आत्मिक शक्ति और तरंग है जो अचानक उसके दिल और दिमाग में कौंध उठती है तथा कुछ कर गुजरने की प्रबल इच्छाशक्ति जाग्रत् कर देती है। संसार में अधिकांश मनुष्य अतीत पर विचार करने, वर्तमान को कोसने और भविष्य से डरने में अपनी ज़िंदगी गुजार देते हैं, लेकिन कुछ महापुरुष होते हैं, जो जन कल्याण के लिए राजनीति के संघर्षपूर्ण मैदान में दृढ संकल्प लेकर उतरते हैं और मानवता का उद्धार करने, गरीबी, शोषण और गुलामी से मुक्त करने में सारा जीवन होम कर देते हैं और सफल होते हैं।

देश को राजनीतिक आजादी दिलाने में महत्त्वपूर्ण भूमिका निभाने वाले हमारे राष्ट्रपिता महात्मा गांधी ने भी साधना और तप को जीवन में प्रमुखता दी। जहाँ गांधीजी सत्याग्रह कर रहे थे, वहीं भगत सिंह, चंद्रशेखर आजाद, राम प्रसाद बिस्मिल, अशफाक उल्लाखाँ आदि क्रांतिकारी आजादी का अलख जगा रहे थे, यहाँ तक कि उन्होंने फाँसी के तख्ते पर झूल कर प्राणों का बलिदान किया। अमेरिका की स्वतंत्रता में जार्ज वाशिंगटन, अब्राहम लिंकन की भूमिका सराहनीय है। इधर नेलसन मंडेला ने अपनी दृढ इच्छाशक्ति, विश्वास और धैर्य से दक्षिण अफ्रीका में लंबे संघर्ष के बाद नस्लभेदी शासन को समाप्त करके लोकतंत्र की स्थापना की। इसके लिए उन्होंने अपनी ज़िंदगी के खूबसूरत 27 साल जेल की सलाखों के पीछे गुजरने के बावजूद किसी भी प्रकार की कटुता से दूर सौम्य और करिश्माई व्यक्तित्व का परिचम दिया और साहस और कुर्बानी की नई परिभाषा गढ़ी। इसी प्रकार म्याँमार की नेता आंग सान सूकी ने लंबे संघर्ष के बाद देश में लोकतंत्र की स्थापना में सफलता प्राप्त की। दुनिया के इतिहास में ऐसे अनगिनत महापुरुष हुए हैं, जिन्होंने इनसान को अत्याचार और पाखंड की गुलामी से मुक्त कराया और अपने अदम्य साहस का परिचय दिया। नेपोलियन बोनापार्ट, माउत्सेतंग सनयातसेन,

लैनिन और स्टालिन ने राजनीतिक क्षेत्र में अद्‌भुत सफलता प्राप्त की। ऐसे बहुत से महानपुरुष हुए है, जो इतिहास के आकाश में सितारों की तरह ज़गमगाते रहेंगे। उन्होंने यह सिद्ध कर संदेश दिया—

**सेनानी अभय प्रयाण करो भावी इतिहास तुम्हारा है।**
**ये नखत अमां के बुझते हैं, सारा का आकाश तुम्हारा है॥**

**सामाजिक प्रतिष्ठा**—प्रतिष्ठा क्या है? यह ऐसी सौगात है, जो हमें ऐसे लोगों द्वारा दी जाती है, जिनके बारे में हम कुछ नहीं जानते और जिनके बारे में हम थोड़ी-सी भी चिंता नहीं करते। प्रतिष्ठा की राह तो स्वर्ग जाने की राह के समान है, जो महान् संकटों से गुजरती है। सुकरात ने प्रतिष्ठा को मनुष्य के महान् गुणों और जन कल्याणकारी कार्यों की सुगंध बताया है। सामाजिक प्रतिष्ठा चाहने वालों से हम पूछना चाहेंगे कि क्या आपने किसी का भला किया है? क्या भूखे को भोजन, नंगे को वस्त्र और रहने को कोई बसेरा मुहैया कराया है? भटके को राह दिखाई है? क्या रोते हुए दुखियों के आँसू पोंछे हैं? नहीं तो आप सामाजिक प्रतिष्ठा के हकदार नहीं हैं।

सामाजिक प्रतिष्ठा तो उन्हीं लोगों को प्राप्त होती है, जो निष्काम होकर समाज हित में काम करते हैं। इतना ही क्यों? मानवता के कल्याण में सच्ची निष्ठा से लगे रहते हैं, वही प्रतिष्ठा के अनछुए शिखर को छूते हैं। वर्तमान में अन्ना हजारे, रामदेव, किरण बेदी तथा नानाजी देशमुख के नाम उल्लेखनीय हैं। जिस तरह पुष्प खिल कर सारे वातावरण को अपनी सुगंध से सुवासित कर देता है, उसी प्रकार जो लोग समाजकल्याण और राष्ट्र कल्याण के शुभ कर्मों से सुवासित करते हैं, वही प्रतिष्ठा को प्राप्त होते हैं। दार्शनिक सिनेका ने कहा है कि मैं इस तरह जी रहा हूँ, जैसे मैं कुछ नहीं जानता था, लेकिन दूसरों की भलाई में अपनी आत्मा को पहुँचाया। इससे स्पष्ट है कि दूसरों की भलाई करें, अपने लिए जिए तो क्या जिए?

कितना दान देकर अस्पताल बनवाए। कितने गरीबों के लिए निःशुल्क विद्यालय खुलवाए। कितने निःशुल्क जनहित में रैन बसेरे बनवाए। कितने अनाथालयों का निर्माण कराया। यदि इनमें से कुछ नहीं किया तो निश्चय मानिए आप प्रतिष्ठा के हकदार नहीं हैं। किसी शायर ने सवाल किया है—

**क्या लाए थे, क्या ले चले,**
**इतना तो बता जाओ,**
**इस दुनिया को क्या दे चले?**

इस दुनिया को बिना कुछ दिए अपनी ज़िंदगी की अमानत को सहेजकर चल दिए। याद रहे जो कुछ दूसरों को करना है, सो कर डालो। मनुष्य एक बार आता है, दुबारा नहीं।

□

*अध्याय-3*

# मनुष्य ही भाग्यविधाता

*"मनुष्य की आत्मा अपनी भाग्य-शक्ति का स्वयं निर्माण करती है, क्योंकि यहाँ उद्‍देश्यपूर्ति के लिए निष्ठापूर्वक सच्ची लगन तीव्र हो जाती है, मनुष्य की आत्मा ईश्वर की परम शक्ति है।"*

**–एन.पी. विलिस**

इस कथन से स्पष्ट है कि मनुष्य अपने भाग्य का विधाता है। यह उक्ति इस तथ्य को इंगित करती है कि मनुष्य चाहे तो किसी भी असंभव कार्य को इस दुनिया में अपने जीवन और बलबूते पर संभव कर सकता है। मनुष्य संकल्प शक्ति के सहारे प्रारब्ध और संचित कर्म आदि के बावजूद अपने भाग्य को बदल सकता है। ऐसा दुनिया के अनेक सफल और महान् व्यक्तियों ने किया है। वर्तमान में अनगिनत लोग उसी दिशा में सक्रिय हैं और ऐसा ही भविष्य में होता रहेगा। तभी तो मनुष्य को ईश्वर का सर्वश्रेष्ठ पुत्र कहा गया है—'अमृतस्य पुनः'

मनुष्य से यह अपेक्षा और आशा की जाती है कि वह अपने सत्कर्मों के सहारे इस सृष्टि रूपी उपवन को सुरम्य, सुरुचिपूर्ण और अनुशासित बनाए रखो स्वर्ग-नरक जो कुछ है, वह सब इसी धरती पर वर्तमान है। मानव की शांति, सुख और आनंद से पूर्ण मनोदशा का नाम ही स्वर्ग है।

किसी अंग्रेज कवि ने ठीक ही कहा है—

**दयापूर्ण छोटे-छोटे कार्य**
**सहानुभूति के थोड़े से शब्द**
**इस धरती को स्वर्ग बना देते हैं।**

आओ, इस धरती को स्वर्ग बनाएँ, आपस में मिल-जुलकर, कठिन-से-कठिन परिस्थितियों से जूझकर। हम कुदरत की अनूठी रचना हैं। हमारे अंदर अदम्य साहस है, गजब की क्षमता है, तेज और ओजस है और बुद्धि और विवेक का एक अनंत स्रोत। हम दुनिया बदल सकते हैं। अपने भाग्य की इबारत लिख सकते हैं, हम जानते हैं अच्छी तरह से—

**वह सुबह हमीं से आएगी,**
**जब धरती नगमे गाएगी॥**

## भाग्य क्या है?

भाग्य घटनाओं का विकास है, जो मनुष्य के नियंत्रण से बाहर है। ऐसा माना जाता है कि वह किसी अदृश्य सत्ता से संचालित किया जाता है। ग्रीक और रोम का मिथ है कि तीन अदृश्य देवियाँ क्लोथे, लैक्सिसू और आलेप्स हैं, जो मनुष्य की ज़िंदगी को नियंत्रित करती हैं। भाग्य अशक्त, निराश और अकर्मण्य व्यक्ति की कल्पना से उत्पन्न मनोदशा है और वह किस्मत के चमकने की उम्मीद में ज़िंदगी गुजार देता है, बालू में मोती चमकने की तरह। मरुस्थल में मृग-मरीचिका। दार्शनिक गेटे के अनुसार, ''सभी वस्तु सृजित की जातीं हैं और उसी के अनुसार चलती रहती हैं, तो भी हमारी ज़िंदगी पर एक अनिश्चित भाग्य शासन करता रहता है।''

इस कथन से स्पष्ट है कि भाग्य अनिश्चित है। क्या हम उसके इंतजार में ज़िंदगी गुजार दें? हमारा विचार ही सारे कार्य संचालित करता है—भाग्य तो मृत प्रेत छाया है, जो कार्य करने से निर्वासित देगी, अत:

हमें इस धरती पर कार्य करना ही उचित रहेगा। आप सोचिए ईश्वर ने आपको क्या नहीं दिया। सोचने को दिमाग, चलने को पैर, काम करने को हाथ, रहने को विशाल धरती और उस पर भी वनस्पतियों का निराला संसार। यदि वही सब आपको न देता तो इस धरती पर मांस का लोथड़ा बनाकर भेजता। उसका मकसद तो यही था कि जाओ, काम करो, धरती की अनमोल वनस्पतियों का उपयोग कर आनंद से ज़िंदगी जिओ।

दार्शनिक एपीक्यूरस का कथन है, ''भाग्य में दृढविश्वास रखना सबसे बुरी गुलामी है, दूसरी ओर कर्मशील विचार रखना सुखद है— भाग्य का जनक है।''

यह भाग्य की गुलामी करना असफल और शातिर दिमाग की उपज है, जो सदियों से इनसान को गुमराह करती आई है, जैसे भाग्य में बदा है, वही होगा। एक धनी मुझे उपदेश देता है ''डॉक्टर साहब! समय से पहले और भाग्य से ज्यादा कुछ नहीं मिलता।'' किंतु उसने दूसरों को गुमराह करके गलत तरीकों से स्वयं धन अर्जित किया है।

लोकोक्ति है, ''भाग्य फले तो सब फलें, भीख, बंज, व्यौपार।''

यह भाग्य की मनोवृत्ति बच्चों को घुट्टी में पिलाई जाती है, जो ज़िंदगी के सफर में साथ-साथ चलती है। भाग्य की उँगली पकड़कर चलना, जरा सी मुश्किल आने पर वह सफलता की मंजिल तक नहीं पहुँच पाता और मंजिल के सामने हारकर बैठ जाता है। पंचतंत्र में आया है जो व्यक्ति भाग्य के भरोसे बैठकर आगे बढ़ने का प्रयास नहीं करता, वह नष्ट हो जाता है।

हमारे उपनिषदों में स्पष्ट कहा गया है, 'चरेवेति, चरेवेति अर्थात् चलते रहो, चलते रहो। याद रहे जीवन की गति को विश्राम नहीं है। हमारा दिमाग दिन-रात क्रियाशील रहता है। चलते रहने का नाम जीवन है। हर स्थिति और परिस्थिति में आगे बढ़ना ही ज़िंदगी का मिजाज है। जीवन में निराश और हताश होकर लक्ष्य की प्राप्ति नहीं की जा सकती,

किसी शायर ने ठीक ही कहा है—

**हर मील के पत्थर पर यह इबारत लिख दो,**
**मायूस इरादों से कभी, मंजिल नहीं मिलती॥**

"ब्रह्ममहूर्ते जाग्रत विद्यामर्थम् चिंतयेत।" क्योंकि जो जागत है, सो पावत है। जो सोवत है, सो खोवत है।" भाग्य तुम्हारी प्रतीक्षा में है। जब हम सोते हैं, तो हमारा भाग्य सोता है, जागते हैं तो जागता है। बैठते हैं तो बैठा रहता है और चलते हैं तो मंजिल तक पहुँचा देता है। निराशा और असफलता की वादियों से निकालकर जीवन के उन्नत शिखर पर पहुँचा देता है। तभी तो हम भाग्य विधाता हो सकते हैं।

### भाग्य निर्माण के उपाय

*"मेरा यह स्पष्ट मत है कि सब प्रकार की सफलताओं की कुंजी साधन के तत्त्व में निहित है, साधनों की ओर ध्यान देना उतना ही आवश्यक है, जितना कि साध्य की ओर।"*

**—विवेकानंद**

इससे ज्ञात होता है कि कार्य और भाग्य निर्माण के ध्येय की सिद्धि और कारण है साधन। इसलिए हमें अपनी पूरी ताकत से लगातार काम करते रहना चाहिए। सफलता की मंजिल तो लगातार चलने से ही मिलती है। जीवन की राह बड़ी टेढ़ी-मेढ़ी है। उस पर चलने का कोई सीधा उपाय नहीं है। भाग्य निर्माण का कोई साधन नहीं है। तभी कहते हैं, 'बहुत कठिन है डगर पनघट की'। इस संसार में शारीरिक और मानसिक रूप से सक्षम व्यक्ति ही तप, कठोर तथा अनवरत साधना के बाद ही भाग्य का निर्माण करता है।

भाग्य के निर्माण की राह बड़ी कठिन है। मानव को उस राह पर चलने के लिए कठोर संकल्प लेना होगा और उसे अपने संकल्प पर डटे रहना होगा अन्यथा वह जहाँ है, वहीं रहकर अपनी ज़िंदगी की शाम कर

देगा। किसी गिरे हुए व्यक्ति को इस दुनिया में कोई उठाने वाला नहीं है। वह स्वयं ही सँभलकर उठ सकता है। अत: उसे साधना के शुभ पथ पर निरंतर चलते रहना ही श्रेयस्कर है। ऋग्वेद में ईश्वर का आदेश है—हे मानव। जो शुभ है, उस पर चलो। भाग्य तो साधनारत व्यक्ति के साथ-साथ चलता है, उसी से प्रेम करता है। निरर्थक साधनाहीन व्यक्ति को ठोकर मार कर गिरा देता है और आगे बढ़ जाता है। भाग्य का रिश्ता तो कर्मशील और साधनापथ के राही के साथ है, जो उसे सितारों की दुनिया से आगे ले जाता है। मनुष्य की साधना कभी व्यर्थ नहीं जाती, किसी अज्ञात कवि ने ठीक ही कहा है—

**साधना न कभी व्यर्थ जाती।**
**बढ़कर ही मंजिल मिल पाती॥**
**जीवन में कहाँ विराम है।**
**बढ़ना ही अपना काम है॥**

**सतर्कता-सजगता**- न्यूटन के अनुसार, "मैंने विज्ञानों में कोई सुधार किया है, वह धैर्य, सतर्कता और सजगता के कारण किया है, इसकी अपेक्षा और कुछ नहीं।" इससे स्पष्ट है कि किसी भी क्षेत्र में भाग्य आजमाने के लिए मानसिक जागरूकता और सतर्कता बेहद जरूरी है। इस शक्ति के प्रयोग के लिए स्थिरता, दृढ निश्चय और एक ही उद्‌देश्य पर केंद्रित रहना अत्यावश्यक है। इस गुण के कारण न्यूटन ने गुरुत्वाकर्षण, हारवे ने ब्लड सरकुलेशन, एल्वा एडीसन तथा अन्य विज्ञान के क्षेत्रों में महत्त्वपूर्ण अनुसंधान किए है।

इसी तरह हमें अपनी किस्मत बदलने के लिए जीवन यात्रा में सजग और सँभलकर चलना होगा। नहीं तो हम राह में भटक जाएँगे। जब आप किसी वाहन से सफर कर रहे हैं तो रेलवे क्रॉसिंग पर लिखा रहता है, 'सावधान' और सड़क पर लिखा देखा होगा, "सावधानी हटी, दुर्घटना घटी।" लोगों की असावधानी आए दिन दुर्घटनाओं का कारण

बनती है। भाग्य निर्माण के लिए व्यक्ति को सजग और सचेष्ट रहने की परमावश्यकता है, क्योंकि आत्मविश्वास और सतत सजगता और सतर्कता से ही लक्ष्य की प्राप्ति संभव है। हमें भविष्य के विषय में असावधान और उदासीन नहीं होना चाहिए। हमें जो कार्य कल्याणकारी हैं, उन्हें करना चाहिए और अकल्याणकारी कार्यों का त्याग करना होगा। उसके लिए हमें उचित साधनों का प्रयोग करना जरूरी है। सजगता और कठिन परिश्रम; ये मनुष्य के प्राकृतिक गुण हैं, जिनसे भाग्य का निर्माण होता है। यदि हम अपनी स्वाभाविक रुचियों और इच्छाओं का तिरस्कार करते हैं तो निश्चित रूप से मुसीबतों से फँस जाएँगे। ऐसी स्थिति में दूसरों से सहानुभूति की उम्मीद नहीं की जा सकती, जब तक हम स्वयं अपनी देखभाल नहीं करते।

याद रहे हमारे विचार उद्देश्य की ओर प्रेरित करते हैं और उद्देश्य कार्य करने की प्रेरणा देते हैं और हमारे छोटे-छोटे कार्य आदतों का निर्माण करते हैं और आदतें चरित्र को निश्चित करती हैं और चरित्र हमारे भाग्य-निर्माण में अहं भूमिका निर्वहन करता है। अत: नौजवानों को अपने व्यक्तित्व और चरित्र के निर्माण का सतत प्रयास आवश्यक है।

**संकल्प**—दार्शनिक गेटे के अनुसार जो व्यक्ति अपनी इच्छाओं और आकांक्षाओं में दृढ संकल्प रखता है, वह सारी दुनिया को अपनी ओर मोड़ लेता है। वह महान् और कल्याणकारी उद्देश्य को हासिल कर लेता है। संकल्प अत्यंत शक्तिशाली साधन है। इसके द्वारा मनुष्य सारी मुसीबतों की चिंता न करके साहस और शक्ति के साथ आगे बढ़ता है और सितारों की दुनिया से आगे निकल जाता है—क्योंकि

**औकावी रूह जब बेदार होती है जवानों में,**
**उन्हें नजर आती है मंजिल आसमानों में॥**

हमारी सफलता और असफलता हमारे संकल्प की दासी है। यदि हम निराश होकर हारकर बैठ जाएँ तो असफलता हमारी चिरसंगिनी बन

जाएगी। यदि हम जीवन की दुखद सच्चाइयों के आगे भी निडर और संकल्पित होकर चट्टान की तरह डटे रहेंगे तो कुदरत भी हमारी इच्छा की मोहताज हो जाएगी। कालिदास ने 'कुमार संभव' में कहा है—

**कोऽपिईप्सार्थः स्थिरः निश्च्यमन नः**
**पयसनिम्नामुखं प्रतीपयेत्॥**

अर्थात् कोई भी व्यक्ति इच्छित वस्तु को प्राप्त करने वाले दृढ निश्चय वाले मन को, नीचे बहने वाले पानी को नहीं रोक सकता।

इसलिए असफलता की निराशा में आशा का दीप लेकर चलो, भाग्य तुम्हारी प्रतीक्षा में खड़ा है। सफलता का आकाशदीप तुम्हारी राह को प्रकाशित कर रहा है। सच्ची लगन और हिम्मत का सहारा लेकर आगे बढ़ो।

आपने देखा होगा कि जो व्यक्ति देखने में ताकतवर दिखाई देता है, वह अंदर से दुर्बल भी हो सकता है। वह छोटी-सी परेशानी आने पर खोखले वृक्ष की तरह उखड़कर गिर जाता है, टूट जाता है, फिर कभी ऊपर नहीं उठ पाता। अतः भावनात्मक शक्ति, साहस और संकल्पित होकर प्रतिकूल परिस्थितियों से मुकाबला करना परमावश्यक है। कविवर पंतजी ने ठीक ही कहा है—

**काँटो से कुटिल भरी हो,**
**रे जटिल जगत की डाली,**
**इसमें ही तो फूटी रे,**
**जीवन पल्लव की लाली॥**

इससे यह पूर्णतः स्पष्ट है कि यदि व्यक्ति संकल्प लेकर पूरे मनोयोग से अपने उद्देश्य को पूरा करने के लिए जुट जाए तो वह उसे जरूर हासिल कर लेता है। भले ही उसकी राह में मुसीबतों के काँटें क्यों न हों। वह विपत्तियों की चिंता नहीं करता और वह भाग्य के द्वार पर दस्तक देने में समर्थ होता है।

**चरित्र और भाग्य**—भाग्य-निर्माण में चरित्र की महती भूमिका रहती है। जो व्यक्ति अपने चरित्र को सद्‌वृत्तियों से बनाए रखता है, वह निश्चित रूप से भाग्य विधाता बन जाता है और वह अपने प्रयास से ज्ञान, धन और मान-सम्मान हासिल कर लेता है। दार्शनिक सुकरात ने ठीक ही कहा कि इस दुनिया में शान से और सम्मान से जीने का तरीका संक्षिप्त और निश्चित है—सदाचार और सचरित्र, इसमें वास्तव में सभी मानवीय गुण विकसित होते हैं, जो अनुभव और व्यवहार से शक्ति प्रदान करते हैं। भाग्य उनके पीछे दास की तरह चला आता है। अतः प्रत्येक नौजवान को अपनी साख, प्रतिष्ठा और चरित्र को बनाए रखना जरूरी है। वह अपने दुर्गुणों का परिहार कर सद्‌गुणों को अपनाए आचार्य चाणक्य ने अपनी नीति में इसी पर बल दिया है। हमारे यहाँ लोक में प्रचलित है—

"हानि-लाभ, जीवन मरण, जस, अपजस विधि हाथ।" हम मानते हैं कि सभी कुछ ईश्वर के हाथ में है। यह बात तो उपनिषद् में भी कही गई है कि संसार में जो कुछ है, सब ईश्वर का है।

किंतु व्यक्ति ईश्वर का पुत्र है, अतः उसे संसार की वस्तुओं को पाने का अधिकार है। भाग्य तो कमजोर दिल का अहसास है और अपनी प्रत्येक गलती की अंधी क्षमायाचना है। ईश्वर में विश्वास करने वाले शक्तिशाली और सद्‌गुणी व्यक्ति भाग्य को स्वीकार नहीं करते, उनका तो विश्वास है कि

**खुदी को कर बुलंद इतना, कि हर तकदीर से पहले,**
**खुदा बंदे से खुद पूछे, बता तेरी रज़ा क्या है॥**

अरे नौजवानो! दिशाहीन होकर दुनिया की भीड़ में क्यों भटक रहे हो, विश्वास रखो; तुम्हारे लिए दुनिया में कुछ भी असंभव नहीं है। आजाद नगर दिल्ली में रहने वाले अवतार सिंह रंधावा से कुछ सीखो। कहानी बड़ी रोमांचक और इनसान की इच्छाशक्ति और सच्ची लगन

का इजहार करती है। कुदरत ने उन्हें अपाहिज पैदा किया था, उनके दोनों बाजू नहीं थे, लेकिन उन्होंने दृढ संकल्प से ऐसा कर दिखाया है कि लोग देखकर आश्चर्यचकित हो जाते हैं। रंधावा अपने जीवन संघर्ष के बारे में बताते हैं, "जब मेरा जन्म हुआ तो मेरे अमीर माता-पिता ने कुछ पैसे और जमीन का लालच देकर मुझे किसी की गोद दे दिया। स्कूल जाते बच्चों को देख मेरे मन में पढ़ने की इच्छा जगी, तो स्कूल गया। टीचर ने मना कर दिया। कुछ दिन बाद सरकारी स्कूल परिबंदा में मैंने अखबार देखकर अपने पैर के अँगूठे से कुछ शब्द लिखकर दिखाए। स्कूल टीचर ने दाखिल कर लिया और पढ़ने का खर्च भी दिया। मैंने अपने मजबूत इरादों और मेहनत से ग्रेजुएशन की डिग्री हासिल की।" रंधावा अब लेखक भी बन गए हैं।

इसी प्रकार लखनऊ की मिसेज शर्मा ने अपने पैर के अँगूठे से शानदार और दर्शनीय पेंटिंग्स बनाई हैं। यह देखकर हम जोरदार शब्दों में कह सकते हैं कि मनुष्य अपने दृढ संकल्प और चरित्र बल से स्वयं अपना भाग्य विधाता है।

**परिश्रम और भाग्य**—ईश्वर ने मनुष्य को इस धरती पर काम करने के लिए भेजा है। तभी तो उसने हाथ-पैर काम करने के लिए दिए हैं और सोचने के लिए दिमाग दिया है, जो विचारों का अद्‌भुत कोश है। आधुनिक कंप्यूटर तो उसके आगे बौना है। व्यक्ति को प्रकृति ने यह महान् उपहार दिया है। परिश्रम जीवन की महान् निधि है और व्यक्ति की दस उँगलियों का तिलिस्म है। प्रकृति व्यक्ति की माँ है, जो उसे परिश्रम करते देखकर मुसकराती है और किस्मत की चाबी सौंप देती है। फ्रांस के लेखक मांटेस्क्यू का कथन है कि "कुदरत मनुष्यों की तरफ देखती है और वह उन्हें उनके परिश्रम के कष्टों का उपहार देती है और उन्हें परिश्रमी बनाती है और महान् परिश्रम का महान् पुरस्कार देती है।"

भाग्य तो परिश्रम का दास है। यह तो सुबह जल्दी उठने वाले,

परिश्रमी, बुद्धिमान और सतर्क व्यक्ति के साथ जागता है। अच्छा चरित्र, अच्छी आदतें और कठोर परिश्रम के आगे दुर्भाग्य दुम दबाकर अँधेरे में छिप जाता है, लेकिन मूर्ख लोग भाग्य के स्वप्न देखते रहते हैं।

मनुष्य के जीवन में भाग्य नहीं, परिश्रम का महत्त्वपूर्ण स्थान है। भाग्य तो पोस्टमैन की प्रतीक्षा में बिस्तर पर करवट बदलता है कि वह विरासत की कोई खबर लाए, लेकिन परिश्रम जगकर किसान के साथ हल चलाने, मजदूर के साथ हथौड़ा लेकर जाता है और लेखक के हाथ में लेखनी थमा देता है। कहने का तात्पर्य है कि हर व्यक्ति अपने काम में लग जाता है। भाग्य विलाप करता है और परिश्रम बाँसुरी बजाता है। किस्मत बाँसुरी के स्वर पर नाचती चली आती है।

अधिकांश मनोवैज्ञानिकों का विश्वास है कि मनुष्य का दिमाग संसार में सबकुछ करने में समर्थ है। यदि मनुष्य असावधान, लापरवाह और क्रोधी हो जाता है, तो भाग्य उसका साथ छोड़ देता है। एक बार ऐसा हुआ कि परिश्रम और भाग्य में झगड़ा हो गया। भाग्य ने कहा तुम मेरे बिना सफल नहीं हो सकते। किंतु भाग्य दुर्बल है और परिश्रम सबल। बस, परिश्रम भाग्य में ठोकर मारकर आगे बढ़ गया। अत: नौजवानो! परिश्रम का संबल लेकर भाग्य को बाँध लो। भाग्य बनाना तुम्हारे हाथ में है। सितारे तुम्हारे इंतजार में हैं।

□

*अध्याय-4*

# असफलता और उसके कारण

***"यह एक मनोवैज्ञानिक सत्य है कि हम उसी दिशा में सफर करते हैं, जो हमें दिखाई दे रही है, चाहे हम जीवन में सफल हों या असफल, यह जहाँ हमारा दिमाग केंद्रित है, उसी पर पूरी तरह से आधारित है, यदि हम लगातार असफलता पर दिमाग केंद्रित करते हैं तो निश्चित रुप से असफल हो जाते हैं।"***

***-जान डी. मर्फी***

इस कथन से स्पष्ट है कि असफलता और सफलता, सुख और दुःख हमारी चित्त-वृत्ति पर निर्भर करता है। एक बार वैज्ञानिक न्यूटन से किसी ने पूछा—

**आपने गुरुत्वाकर्षण का सिद्धांत कैसे खोजा ?**

लगातार इसके बारे में सोचने के बाद न्यूटन ने उत्तर दिया? मार्क्स ओरेलियस के अनुसार इनसान की ज़िंदगी उसके विचारों पर निर्भर करती है। एमर्सन का विचार है, "मनुष्य दिन भर जो कुछ सोचता है, उसी पर उसकी सफलता और असफलता आधारित है।"

मनुष्यों और राष्ट्रों का उत्थान-पतन उनके विशिष्ट विचारों के कारण होता है। जेम्स एलन के अनुसार, "हम विचारों से ऊँचे होते हैं

और गिरते हैं और विचारों से ही आगे बढ़ते हैं और तकदीर का दरवाजा खोलते हैं।'' छोटी-छोटी मुसीबतें, निराशा, नफरत और ईर्ष्या जैसी भावनाएँ जीवन में असफलता की भूमिका निभाती हैं। हमें सफलता को आवेगों असफलता में नियोजित करना अनुचित लगता है। तो शिखर को छूना चाहते हैं। अरे भाई, अपना रास्ता स्वयं बनाओ। पुरानी लीक पर चलकर कामयाबी के ख्वाब देखना ठीक नहीं है। कहा जाता है—

**लीक-लीक कायर चलें, लीकै लीक कपूत।**
**लीक छोड़ि तीनों चले, शायर, सिंह, सपूत॥**

आए हैं तो दुनिया में हम कुछ करके जाएँ। जीवन की सार्थकता इसी में है।

**असफलता के कारण**—इस संसार में बिना कारण के कोई कार्य नहीं होता। दार्शनिक के अनुसार असफलता केवल यह स्पष्ट करती है कि सफलता पाने का हमारा निश्चय पूर्ण रूप से दृढ और मजबूत नहीं था। अतः हमें अपने उद्देश्य और लक्ष्य तक पहुँचने के लिए मजबूत इरादे के साथ बढ़ना होगा। कोई चिड़िया आसमान में अधिक ऊँचाई तक नहीं उड़ सकती, जब तक वह अपने पाँवों का प्रयोग नहीं करती। मनुष्य की सफलता और असफलता का पता उसके काम करने की उमंग से चल जाता है। जैसा कहा गया है—

**सिद्ध वा यदि वाङ् सिद्धं चिन्तेउत्त्साहो निवेदयत्।**
**प्रथम सर्वजन्तुनाम, तत्प्राज्ञों वेत्ति नेतरः॥**

अर्थात् ''मनुष्यों के चित्त की प्रसन्नता तथा काम करने के उत्साह की तत्परता सफलता या असफलता पहले ही सूचित कर देती है।''

कुछ लोगों के मन की उमंग काम प्रारंभ करने से पहले ही हार जाती है, क्योंकि उन्हें यह भय होता है कि राह में मुसीबतें आएँगी और सफलता नहीं मिली तो लोग हँसी उड़ाएँगे और आलोचना करेंगे। यह कमाल है कि वह पहले ही असफल होकर बैठ जाते हैं। शायर इक़बाल

ने ठीक ही कहा है—

**कमाले बुज़दिली है पस्त होना अपनी आँखों में,**
**अगर थोड़ी-सी हिम्मत हो तो फिर क्या हो नहीं सकता॥**
**उभरने ही नहीं देती हमें बेमायगी दिल की,**
**नहीं तो कौन क़तरा है जो दरिया हो नहीं सकता॥**

**1. आत्मबल का अभाव**—हेलन कीलर का कहना है कि "हम कोई भी कार्य कर सकते हैं, जिसे हम करना चाहते हैं। इसमें आत्मशक्ति का महत्त्वपूर्ण स्थान है।" मुसीबतों के दिनों में आत्मबल ही हमारा सच्चा और वफादार साथी है। जो व्यक्ति अपनी आत्मशक्ति को पहचान लेता है, वह सांसारिक बाधाओं को पार करके राजनीतिक, व्यावसायिक और शैक्षिक सभी क्षेत्रों में सफलता प्राप्त कर लेता है। फ्रेंकलिन ने इसे वफादार सेवक बताया है, जो हर परिस्थिति में सेवा और सहायता करता है और सफलता की ओर अग्रसर करता है। आत्मबल के अभाव में व्यक्ति दयनीय और परमुखापेक्षी होकर गरीबी और मुसीबतों में रो-पीटकर ज़िंदगी को अभिशाप्त कर देता है।

मनुष्य आत्मबल के अभाव में अपने को अकेला और भाग्यहीन समझता है और आत्म-विस्मरण के घने अंधकार में डूब जाता है। इस तरह वह अपने भीतर बैठे परमात्मा की तौहीन करता है। उसमें निर्णय लेने की क्षमता का अभाव हो जाता है, यहाँ तक कि ज़रा-ज़रा-सी बात पर घबरा जाता है। इसलिए उसके द्वारा लिए गए फैसले गलत हो जाते हैं और असफलता उसकी चिर सहचरी बन जाती है।

दोस्तो उठो! घबराने की जरूरत नहीं है, कोई काम मुश्किल नहीं है, क्योंकि तुम ईश्वर और कुदरत की अनूठी कृति हो। विश्वास रखो तुम्हारे अंदर अदम्य साहस है, गजब की क्षमता है। तेज व ओज है और बुद्धि और विवेक का एक स्रोत है। फिर कमजोरी कैसी! अकेलापन कैसा, लाचारी कैसी?

यदि आप किसी भी क्षेत्र में सफलता प्राप्त करना चाहते हैं तो आत्मशक्ति के साथ आगे बढ़ें। तुम्हारी असफलता हवा में उड़ जाएगी। सफलता और खुशियों के फूल खिलते रहेंगे, जिससे तुम्हारी और परिवार की ज़िंदगी महकती रहेगी।

**2. लक्ष्यहीनता**—ज़िंदगी में लक्ष्यहीनता असफलता का प्रमुख कारण है। हम देखते हैं सड़कों पर असंख्य मनुष्य जीवित मुरदे की तरह घूम रहे हैं। उन्हें कोई मतलब नहीं कि दुनिया में क्या हो रहा है? यह जानने की उन्हें फुरसत नहीं है। ओह! कितनी भीड़ है। लाखों छात्र-छात्राएँ विद्यालय, महाविद्यालयों और विश्वविद्यालयों में शिक्षा ग्रहण कर रहे हैं। यदि उन्हें यह पूछा जाए कि क्यों पढ़ रहे हो? तो वह अपना लक्ष्य स्पष्ट रूप से नहीं बता पाएँगे। मेरा भी यही हाल था, गाँव में पढ़े-लिखे लोग नहीं थे। कौन बताता क्या करना है? बस मैं भी पढ़ रहा था। बी.ए. पास करने के बाद दिमाग में प्रोफसर बनने की भावना जागी और उसमें सफलता हासिल की।

एक कहानी है कि एक नौजवान घोड़े पर सवार सरपट दौड़ा जा रहा था। चौराहे पर खड़ा एक साधु मिला उसे उसने रोक कर पूछा, 'बेटा कहाँ जा रहे हो?'

नौजवान ने जवाब देते हुए कहा, 'बाबा! मुझे मत पूछो। घोड़े से पूछो। कहाँ ले जा रहा है?'

इससे स्पष्ट है कि आज का नौजवान कहाँ जा रहा है, उसे पता नहीं है, ऐसी हालत में असफल होना स्वाभाविक है। कौरवों और पांडवों के गुरु द्रोणाचार्य ने अपने शिष्यों की परीक्षा ली कि कौन उनमें श्रेष्ठ धनुर्धर है? उन्होंने एक पेड़ पर एक चिड़िया को छिपाकर रखा था पत्तों में। उसकी एक आँख ही दिखाई दे रही थी, जिसका लक्ष्य भेद करना था। एक-एक करके सभी शिष्यों से पूछा कि क्या दिखाई दे रहा है? किसी ने कहा पेड़, टहनियाँ और पत्ते दिखाई दे रहे हैं। इसी प्रकार

सब ने उत्तर दिए। अर्जुन ने धनुष लिया तो गुरु ने पूछा-क्या दिखाई दे रहा है? गुरुदेव! चिड़िया की आँख दिखाई दे रही है। गुरु की आज्ञा पाकर चिड़िया की आँख को बाण से बेध दिया। शेष सभी शिष्य असफल हो गए। कहना यही है कि ज़िंदगी में सफल होने के लिए लक्ष्य निर्धारित करना आवश्यक है। एडमंड हिलेरी तथा अन्य सभी पर्वतारोहियों के सामने एवरेस्ट की ऊँची चोटी तक पहुँचने का लक्ष्य था। इसलिए वह उसमें सफल हुए। ज़िंदगी में सफल होने के लिए 'शरबत तन्मयोभवेत्' की आवश्यकता है, बाण का संधान तो लक्ष्य की ओर ही होता है।

**3. आलस्य और अज्ञान**—आलस्य और अज्ञान दोनों जुड़वाँ भाई हैं, जो मनुष्य की असफलता में अहं भूमिका निभाते हैं। आलस्य अज्ञान की उपज है। आलस्य सारी बुराइयों की जड़ है। शारीरिक और मानसिक आलस्य जीवन के शाश्वत आनंद को पी जाता है। मनुष्य के शरीर में बैठा हुआ दुश्मन है, जो शरीर को निष्क्रिय और अपाहिज कर देता है। आलस्य ज्ञान हासिल करने का प्रयास नहीं करता है। अज्ञान मनुष्य को मिथ्याभिमानी बना देता है। दार्शनिक कनफ्यूशियस ने कहा था, "अज्ञान मनुष्य के दिमाग की अँधेरी रात है, जिसमें चाँद या सितारे नहीं हैं।" अर्थात् उसमें कुछ कर गुजरने की सामर्थ्य नहीं है। हमारे मनीषियों ने कहा था कि आलसी मनुष्य भाग्य के भरोसे बैठा रहता है। तुलसीदास जी ने कहा है—

"कातर मन का एक अधारा, दैव-दैव आलसी पुकारा।" शैतान मनुष्य के आलस्य और अज्ञान को देखकर मुसकराता है, क्योंकि मनुष्य को गलत रास्ते पर ले जाने का अवसर मिल जाता है। अरे आलसी मनुष्य अज्ञान को छोड़कर नन्ही सी चींटी से जीवित रहना सीख और उसी की तरह व्यस्त रहकर असफलता को दर किनार कर दे। अज्ञान और आलस्य से कुछ भी उत्पन्न नहीं किया जा सकता। यह ऐसा शून्य

है, जिसमें आत्मा गतिहीन हो जाती है और कुछ न करने की सुस्ती में खो जाती है। जीवन में सफल होने के लिए आलस्य और अज्ञान का परिहार आवश्यक है।

जीवन भी एक कला है। यकीन मानिए गिरना व गिराना बहुत सरल है, किंतु उठना, उठाना अत्यंत कठिन है। जगो और जगाओ, स्वयं बढ़ो और दूसरों को बढ़ाओ, लक्ष्यहीन मानव का जीवन घड़ी के पेंडुलम की तरह है, जो सिर्फ हिलता-डुलता है। अतः उठो और चलो तो सही, असफलता तुम्हारी राह से भाग जाएगी।

**4. भय और चिंता**—विष्णु शर्मा रचित पंचतंत्र में एक श्लोक आया है—

**षट दोषाः हातव्या मूतिमिच्छता नरः।**
**आलस, तंद्रा, भय, क्रोध, निद्रा, दीर्घसूत्रता।**

ये छह दोष व अवगुण मनुष्य की सफलता की राह के अवरोधक हैं। भय हमारे मन का ऐसा विकार है, जो कुछ नहीं करने देता है। हमें डर लगता है केवल बाहरी कारणों से ही नहीं, अपने अंदर से भी। नौकरी-धंधा छूटने का भय। भोजन-पानी से महरूम हो जाने का डर, पद छूट जाने का डर, सफल न होने का डर, सामाजिक प्रतिष्ठा का डर, यूँ हमारा जीवन भय और चिंता की जंजीरों में कैद है।

मनुष्य के जीवन में सुख-दुःख, भय और चिंता क्रमानुसार धूप-छाँह की तरह आते-जाते हैं। उनका निडर होकर सामना करना ही सफलता के द्वार तक ले जाता है। कहते हैं जो डर गया, सो मर गया। जो डर गया सो हार गया। नेपोलियन ने स्वीकारते हुए कहा है—

**''वह जो डरता है, वह निश्चित रूप से हार जाता है।''**

जो लोग जीवन में सफल होना चाहते हैं, उन्हें निडर होकर मंजिल की ओर बढ़ना चाहिए। आँधी, तूफान और बादलों की काली घटा देखकर यदि राहगीर डरकर रुक जाता है तो यह उसकी तौहीन है, ईश्वर

का अपमान है, क्योंकि ईश्वर ने उसे निर्भीक बनाया है। जब मनुष्य ने यह प्रार्थना की थी—'अमयं नो कुरू' तब अरे हमारे नौजवानो। उठो निडर होकर मंजिल की ओर बढ़ो तो सही, आप कभी असफल नहीं हो सकते। किसी शायर ने कहा है—

**कोई अरबी पर, कोई तुर्की पर सवार था।**
**जिसने लगाई ऐड़, वह खंदक के पार था।**
**जो हिचकिचाकर के रह गया, सो रह गया॥**

सफर में कोई अरबी घोड़े और कोई तुर्की घोड़े पर सवार था, रास्ते में गहरा गड्ढा या एक खाई पड़ी, जिस सवार ने घोड़े में एड लगाई, वह खंदक से पार हो गया और जो हिचकिचाकर और डर कर बैठ गया, सो बैठ गया। दरअसल हमारी ज़िंदगी का सफल होना हमारे निडर होकर काम करने पर निर्भर है।

अभी हाल में ब्रिटेन के 16 वर्षीय छात्र लेबिस क्लार्क ने सबसे कम उम्र में पूरे दक्षिण ध्रुव का 48 दिनों में ट्रैकिंग के जरिये नापने का विश्व रिकॉर्ड बनाया है। दक्षिण ध्रुव यात्रा के दौरान तापमान 50 शून्य डिग्री था। 193 किलोमीटर प्रति घंटा की रफ्तार से बर्फीली हवाएँ चल रही थीं। बीबीसी रिपोर्ट के अनुसार क्लार्क अंटार्कटिका, तट से 1129 किलोमीटर की यात्रा पूरी कर अमुंड सेन-स्कार पोल पर स्टेशन पर पहुँचा। क्लार्क क्वीन एलिजाबेथ कालेज का छात्र है। यह उसके निर्भय मनोभाव और प्रबल इच्छाशक्ति का खेल है। अरे मेरे युवक दोस्तो। तब तुम क्यों नहीं असंभव कार्य को संभव कर सकते। निडर होकर ही सफलता मिलती है। यजुर्वेद में मनीषियों ने हमको भयरहित जीवन व्यतीत करने की प्रेरणा दी है—माभेर्गा संविक्या:'' इसका भावार्थ यह है कि मनुष्य को भयरहित जीवन जीना चाहिए। भय हमारी सफलता में बाधक होता है।

**5. संदेह और अविश्वास**—संदेह और अविश्वास मनुष्य की

सफलता में सबसे बड़ा रोड़ा है। आज के युग में भाई-भाई के बीच अविश्वास, मित्र-मित्र में अविश्वास तथा पति-पत्नी में अविश्वास और संदेह के कारण परिवार टूट जाता है, तब सफलता की उम्मीद करना बालू में नाव चलाना है। गीता में कहा गया है, 'संशयात्मा विनश्यति' सारे संसार के कार्य, व्यापार तथा अन्य उद्योग-धंधे पारस्थितिक विश्वास पर ही चल रहे हैं। आज की दुनिया में झगड़ों का कारण अविश्वास है। तलाक की संख्या आजकल क्यों बढ़ रही है? पति-पत्नी में संदेह और अविश्वास का कारण प्रमुख है। इस तरह उन दोनों की ज़िंदगी निराशा और घुटन में गुजरती है।

आत्म-अविश्वास हमारी समस्त असफलताओं की जड़ है। यदि हमें यह विश्वास है कि हम इस कार्य को करने में समर्थ हैं तो निश्चित रूप से हम सफल होंगे। संदेह और अविश्वास के पथ पर चलकर हम जीवन में सफलता की मंजिल तक नहीं पहुँच पाते। पंचतंत्र की कहानी है कि एक ब्राह्मणी ने अपने पुत्र के साथ एक नेवले को भी पुत्रवत् पाला था, किंतु वह उस नेवले पर संदेह और अविश्वास करती थी। वह डरती थी कि कहीं यह नेवला मेरे पुत्र का अनिष्ट न कर दे। एक दिन वह बच्चे को खाट पर सुलाकर पानी लेने गई और नेवले को पुत्र के पास छोड़ गई। इसी बीच एक काला नाग बच्चे के पास आ गया। नेवले ने सर्प के टुकड़े कर दिए। द्वार पर रक्त से युक्त होकर जा बैठा। ब्राह्मणी ने संदेह और अविश्वास के कारण नेवले को मार डाला। बाद में सच्चाई ज्ञात होने पर पश्चाताप करने लगी। यह कहा गया है—

**अपरीक्ष्य न कर्तव्यं सुपरीक्षितम्।**
**पश्चाद्भवति संतापो ब्राह्मण्यां नकुले यथा॥**

अर्थात् बिना भली-भाँति समझे-बूझे तथा परीक्षा किए किसी कार्य को नहीं करना चाहिए। जिस कार्य को करना हो, उसकी पूरी जानकारी कर लेनी चाहिए, अन्यथा कार्य करने पर मनुष्य को पश्चाताप करना पड़ता

है। अतः पूर्ण जानकारी के बाद सफलता की राह में कदम बढ़ाने चाहिए।

**6. क्रोध और कलह—**क्रोध मानव हृदय का भयंकर मनोविकार है, जो मनुष्य के जीवन को बर्बाद कर देता है। वह ज़िंदगी में किसी प्रकार की सफलता हासिल नहीं कर सकता, क्योंकि सारी ऊर्जा तो लड़ाई-झगड़े में समाप्त हो जाती है। क्रोध के पागलपन में व्यक्ति हत्या कर देता है। सारी ज़िंदगी कैद में गुजार देता है। यही तो हुआ हमारे पड़ोसी सुरेश का। उसने क्रोध में उबलकर अपनी पत्नी की हत्या कर दी। बूढ़े माँ-बाप और बच्चों को ज़िंदगी बदहाल हो गई और सुरेश की जेल में ही किसी भयंकर बीमारी से मौत हो गई। चीन की कहावत है, "जो क्रोध की आग आप अपने दुश्मन के लिए जलाते हैं, उसकी अपेक्षा वह आपको ही जलाती है।"

कहने का अर्थ है कि हम क्रोध से बचें और अपने जीवन को सफल और सार्थक बनाने के लिए शांतिपूर्ण ढंग से आगे बढ़ें। जान वेबस्टर का विचार है प्रकृति में ऐसी कोई वस्तु नहीं है, जो मनुष्य को विकृत और जंगली पशु बना दे, जितना कि असंयमित क्रोध।

अतः ज़िंदगी में सफल होने की कामना करने वाले व्यक्ति को घर में कलह करने, जरा-जरा-सी बात पर नाराज होने की आदत को छोड़ देना चाहिए। क्रोध की नजर लगने से ज़िंदगी की बेल सूख जाती है। तब उस पर सफलता की खुशी के फूल नहीं खिल सकते।

याद रखिए क्रोध का असर तन और मन दोनों पर पड़ता है, जिससे घबराहट, बेचैनी, पेट दर्द, सिर दर्द आदि होने लगते हैं। मौन रहने से बुरे विचार, कटु वाणी और अन्य आवेगों पर काबू किया जा सकता है। एक बार भगवान् बुद्ध को एक व्यक्ति खड़ा-खड़ा गाली देता रहा। वह मौन रहे। अंत में बोले, थक गए होगे, आराम कर लो। यह सुनकर वह व्यक्ति पैरों पर गिर पड़ा और रोने लगा। अतः क्रोध

से बचकर अपनी-अपनी मंजिल पर पहुँचने का प्रयास करें। सिनेका ने कहा था कि क्रोध का इलाज देरी करना है। कहावत है कि क्रोध ऐसा गरम खाना है, जिसे ठंडा करके खाएँ। जिसने क्रोध को जीत लिया, उसने सब कुछ हासिल कर लिया।

**7. कार्य करने में विलंब**—जिस काम को आप आज कर सकते हैं, उसे कल आने तक कभी मत छोड़ो। आशय है कि आज काम का आज ही कर डालो, कल के इंतजार में मत छोड़ो। काम करने में टाल-मटोल करना असफलता का मार्ग प्रशस्त करना है। बीता हुआ कल तो इतिहास के अँधेरे में खो गया, आने वाला कल एक रहस्य है किंतु आज का दिन ही ईश्वर का उपहार है, उसका सद्उपयोग करो। आने वाला कल! क्या कल? यह तो समय के सभी रजिस्ट्ररों में नहीं पाया जाता है। यह तो बेवकूफों के कलैंडर में मिलता है। जो व्यक्ति आलस्य में काम न करके टालता जाता है, कहता है कल कर लूँगा। अरे परसों कर लूँगा, ऐसी भी क्या जल्दी है? ऐसा कहने वाले का काम कभी पूरा नहीं होता। वह देर करते रहना एक घृणित मनोभाव है, जो जीवन के लिए घातक है, कहा जाता है—'दीर्घ सूत्री विनश्यिति।'

कल कभी नहीं आता। जो काम करना है उसे झटपट कर डालो। 'शुभस्य शीघम्' को ध्यान में रखकर, जो समय बीत गया, वह दुबारा आने वाला नहीं है। कहा है, 'आता नहीं दुबारा, गुजरा हुआ जमाना।'

रोम के दार्शनिक सिनेका ने कहा था—यदि हम सजग नहीं हैं तो हम अवसर खो देते हैं। यदि हम जल्दी नहीं करते तो हम दूसरों से पीछे रह जाते हैं। अच्छा समय निकल जाता है और बुरा समय आ जाता है। इसी बात को पंचतंत्र में विष्णुशर्मा कहते हैं कि, ''प्रत्येक महान् और श्रेष्ठ कार्य को करने में यदि हम देर करते हैं तो उसके सारतत्व को समय पी जाता है।'' इसलिए हमें शाम तक सारा काम समाप्त कर लेना चाहिए। संत कबीर के उपदेश को सदैव ध्यान में रखना चाहिए।

**कािल्ह करै सो आज करि, आज करै सो अब।**
**पल मे परलै होयगी, बहुरि करेगा कब।**

इस कथन का पाथेय लेकर चलें तो सफलता की राह आसान हो जाएगी। उदाहरण के लिए हमारे गाँव में राहुल और दिलीप साथ-साथ पढ़ते थे। राहुल अपना गृहकार्य उसी दिन कर लेता था, उसका दैनिक जीवन का नियम था, किंतु दिलीप मटर-गश्ती करता था और मौज-मस्ती में आज का काम कल पर छोड़कर टालम-टोल करता था। राहुल कक्षा में प्रथम श्रेणी में उत्तीर्ण होता था, लेकिन दिलीप मुश्किल से पास हो पाता था। समय पर काम न करने की उसकी आदत बन गई थी। राहुल तो लगन और परिश्रम से डॉक्टर बन गया और दिलीप ज़िंदगी भर सड़कों पर जूतियाँ चटकाता रहा। नौकरी पाने के लिए। याद रहे ज़िंदगी एक ही बार मिलती है। उसे सार्थक और सुखी बनाना हमारा दायित्व है।

**तंद्रा और निद्रा**—तंद्रा नींद से पहले आती है, जो जम्हाई के साथ शरीर में आलस लाती है। किसी काम को करने का मनुष्य का मन नहीं करता है, जो उसे असफलता की डगर पर ले जाता है। उसके बाद नींद उसे अपने आगोश में समेट लेती है तभी उसके जीवन का उद्देश्य भी सो जाता है। सुबह जगते ही उसकी तंद्रा धीरे-धीरे चली जाती है। मनुष्य की तंद्रा और निद्रा में जीवन की सभी वस्तुएँ पाना कठिन हो जाता है, जो परिश्रम से सहज उपलब्ध होती है। परिश्रम दिन भर तेज चाल में चलता है और रात तक अपना सारा काम पूरा कर लेता है। उसके आगे असफलता दम तोड़ देती है।

प्रसिद्ध वैज्ञानिक बेंजामिन फ्रेंकलिन ने कहा था—आलीतंद्रा या सुस्ती ऐसी जंग है, जो परिश्रम की अपेक्षा मनुष्य के जीवन को बहुत शीघ्रता से नष्ट कर देती है जबकि प्रयोग की जाने वाली कुँजी सदैव चमकती रहती है। कहने का तात्पर्य है कि जीवन में सक्रियता की

अत्यंत आवश्यकता है। तंद्रा और निद्रा तो स्वास्थ्य, सुख और सफलता के मार्ग में गतिरोध करती है। कहते हैं—

**जो जागत है, सो पावत है,**
**जो सोवत है, सो खोवत है।**

जब हम सो जाते हैं, हमारे काम सो जाते हैं। हमारा भाग्य सो जाता है और सफलता की मंजिल तक पहुँचने का इरादा भी सो जाता है। ध्रुव ने अपनी बहन शुभी से पूछा—

"दीदी! तुम क्लास में प्रथम आती हो और तुम्हारे मार्क्स भी अधिक आते है। मेरे क्यों नहीं आते?"

'तुम सोते हो और पढ़ते नहीं हो' शुभी ने उत्तर देते हुए कहा, 'जब तुम जगकर पढ़ोगे, तो तुम्हारे क्लास में अधिक मार्क्स आएँगे।'

कहने का अर्थ है कि जगो, चलो, बढ़ो, तुम अपनी साथियों को पीछे छोड़ कर आगे निकल जाओगे।

**ईर्ष्या और द्वेश,** "ईर्ष्यालु व्यक्ति अपने पड़ोसी की सफलता देखकर दुखी होता है।" दार्शनिक होरेस के इस कथन से ज्ञात होता है कि व्यक्ति पड़ोसी के सुख और सफलता से दुखी होता है, अपने दुख से नहीं। वह अपने दिल में जलता है तो उसके काम करने तथा उन्नति करने का हौसला मर जाता है उसमें ईर्ष्या होती है, स्पृहा नहीं। क्रोधी, द्वेषी और ईर्ष्यालु व्यक्ति कभी ज़िंदगी में सफल नहीं हो सकते। उनके दिमाग में नकारात्मक सोच का धुआँ घुटता रहता है, तब उन्हें सद्‌गुणों और सफलता का मार्ग नहीं दिखाई देता। प्लूटार्क ने कहा था कि हमें अपने दुश्मन के सद्‌गुणों को सावधानी से देखना चाहिए, जिनसे वह हमसे आगे निकल गया है। हम अपने गुणों का विकास करके उत्थान की ओर बढ़ने का प्रयास करना ही उचित समझें।

ईर्ष्या और द्वेष के कारण हम दूसरे का बुरा या अहित करने में अपना मूल्यवान समय गुजार देते हैं। ऐसी स्थिति में सफलता की

उम्मीद करना व्यर्थ है। लोग हमारी तरक्की से जलते हैं तो जलने दो—

**जलने वाले जला करें,**
**किस्मत हमारे साथ है।**

गीता में भगवान् कृष्ण ने कहा है—'अद्वेष्य सर्वभूतानाम्' अर्थात् जो किसी भी प्राणी से द्वेष नहीं करता, वह ही मेरा भक्त है। कहने का अभिप्राय यह है कि द्वेष करने वाला सफलता के मार्ग से भटक जाता है। हमें तो 'ना काहू सौं दोस्ती ना काहू सौ बैर' की भावना के साथ अपने लक्ष्य को प्राप्त करने के लिए निरपेक्ष भाव से प्रयत्न करते रहना चाहिए। द्वेष भाव से जीवन बर्बाद करना ठीक नहीं है।

**मिथ्या अभिमान**—मिथ्याभिमानी व्यक्ति किसी का प्रिय नहीं होता क्योंकि वह दूसरों के दु:ख-दर्द को नहीं समझता और न किसी के काम आता है, तब उसका कौन साथ देगा? बिना सहयोग के संसार में कोई व्यक्ति सफल नहीं हो सकता। संसार के सारे काम विश्वास, सहानुभूति, और विनम्रता से चल रहे हैं। सेंट फ्रांसिस का कहना था कि जैसा तुम दूसरों के साथ व्यवहार करोगे, वैसा ही दूसरे तुम्हारे साथ करेंगे। प्रेम के बदले प्रेम और घृणा के बदले घृणा ही मिलेगी। किसी ने कहा है—

**हमेशा मिलने का नतीजा नेक होता है।**
**वहीं कुछ लुत्फ होता है, जहाँ दिल एक होता है।**

सब मिल-जुल कर प्रेम से रहते है, वहाँ पर सुख, शांति और समृद्धि की सुंगध सारे समाज को सुवासित करती रहती है किंतु जहाँ अंह की बदबू आती है, वहाँ सफलता का मार्ग अवरूद्ध हो जाता है। कहा जाता है—'पाप मूल अभिमान' सारी बुराइयों की जड़ है। संत कबीर ने कहा था—

**या दुनियाँ में आय के, छाँडि देय तू ऐंठ।**
**लेना है सो लेइले, उठी जाति है पैंठ॥**

अभिमानी व्यक्ति जीवन की खुशियों और सुविधाओं को नष्ट कर लेता है और अकड़कर चलने वाला व्यक्ति अपने आनंद से विरत हो जाता है। ऐसी बेवकूफी और अभिमान के व्यवहार के विषय में क्या कहा जाए। क्या यह सफलता में बाधक नहीं है?

**लोभ और लालच**—लोभ और लालच में फँसकर मनुष्य अपनी राह से भटक कर असफलता के महा पंक में डूब जाता है। कहानी है कि एक सिंह जिसके दाँत, नाखून सभी अंग शिथिल हो गए थे। वह अपने शिकार के लिए किसी जानवर को पकड़ने में असमर्थ था। अत: वह रास्ते में सोने का कड़ा हाथ में लेकर बैठ जाता था। राहगीरों को सोने का कड़ा दिखाकर प्रलोभित करता था। एक ब्राह्मण अपनी राह जा रहा था, सिंह ने सोने का कड़ा दिखा कर बुलाया। लोभी-लालची यात्री उसके छल-फरेब में फँस गया और लोभ के दल-दल में फँस गया। लोभ के कारण सिंह का शिकार बना। कहा है 'अतिलोभीं; न कर्तव्य:'।

नौजवानो! लोभ-लालच को छोड़कर अपने लक्ष्य की ओर बढ़ो। लोभ से हमारा आत्मविश्वास समाप्त हो जाता है और हमारे जीवन की यात्रा थम जाती है। सफलता का अवसर हाथ से निकल जाता है। शेक्सपियर ने कहा कि एक ओर हम लोभ से आकर्षित होते हैं तो दूसरी ओर गिर जाते हैं, यह वास्तविक तथ्य है। जार्ज इलियट के अनुसार शैतान हमें लोभ में नहीं डालता, हमीं उसको अपनी ओर बुलाते हैं और वह अवसर के साथ अपनी चतुरता प्रकट करता है। लोभ मुसीबतों की जड़ है, लोभ पाप कराता है। लोभ से मनुष्य की मर्यादा नष्ट होती है। इज्जत पर धब्बा लगता है। बुद्धि मलिन हो जाती है। आज तक कभी सोने का मृग संभव नहीं है, लेकिन राम सोने के मृग के पीछे दौड़े थे—

**असंभव हेम मृगस्य जन्मम्,**
**तथापि रामो लुमभे मृगाय।**
**विपत्ति काले समापन्ने,**
**घियोऽपि पुसां मलिना भवंति॥**

लोभ में पड़कर राम भटक गए थे, हमारी तो औकात क्या है? हमें प्रलोभनों से बचकर अपने उद्देश्य की ओर बढ़ना ही उचित है। तब असफलता का सवाल ही नहीं उठता।

□

## अध्याय-5

# सफलता के रास्ते

*"हमारे अंदर सृजन शक्ति की ईश्वरीय चिनगारी अब भी संजीवित है, यदि हम उसे अधिक प्रज्ज्वलित करते हैं तो मानवीय सचेष्ट परिश्रम के लक्ष्य प्राप्त करने के हमारे प्रयत्नों को आसमान के सितारे भी अपने मार्ग में पराजित नहीं कर सकते।"*

*-आर्नोल्ड टायनबी*

प्रसिद्ध इतिहासकार आर्नोल्ड जे. टायनबी के इस कथन के अनुसार मनुष्य में सृजन की ईश्वरी शक्ति है, वह प्रयत्नों से सितारों से आगे जा सकता है। सितारे उसकी प्रतिभा को मंद नहीं कर सकते, तभी तो मशहूर शायर इकबाल ने कहा था—

**सितारों से आगे जहाँ और भी हैं।**

निश्चित रूप से सितारों से आगे मानव की ईश्वरीय सृजन शक्ति चंद्र और मंगल तक पहुँचने के लिए प्रयत्नशील है। जिस मनुष्य के हौसले बुलंद है वह जीवन में पूर्णत: सफल होता है, क्योंकि वह कार्य के समय अपने शरीर को तुला पर चढ़ा देता और जान की बाजी लगा जाता है। ऐसे साहसी व्यक्ति को अभिलक्षित संपत्ति मिल ही जाती है, इतना ही क्यों, अनेक दुष्प्राप्य वस्तुएँ भी मिल जाती हैं—जैसा कि कहा है—

**दुष्प्राय्याणि बहूनि च लभंति वाञ्छितानि द्रव्याणि।**
**अवसरतुलितामिरलं तनुभिः साहसिक पुरुषाम्॥**

अब हमें इस बात पर विचार करना है किन रास्तों से चलकर हम जीवन में सफलता प्राप्त कर सकते हैं। लेखक रस्किन ने तो यह कहा है कि "वही व्यक्ति ज़िंदगी में सफलता प्राप्त करता है, जिसका दिल कोमल। उसका रक्त गरम हो अर्थात उसमें जोश हो। मस्तिष्क अधिकतम तीव्र हो और आत्मा पूर्ण शांति में रह रही हो।" कहने का तात्पर्य है कि विनम्र स्वभाव हो, कुछ करने का उत्साह और साहस हो, शीघ्र सोचने की दिमाग में क्षमता हो तथा आत्मा शांत हो, वही व्यक्ति सफल होता है। सफलता के लिए निम्न उपायों का दृढता से पालन करना चाहिए—

1. **स्वास्थ्य**—स्वास्थ्य वह आत्मा है, जो जीवन के समस्त सुखों को सजीव कर देती है, जो इसके बिना फीके और स्वादहीन हो जाते हैं। स्वास्थ्यहीन जीवन जीवन नहीं है। बिना स्वास्थ्य के जीवन शिथिल और दुर्बल हो जाता है। मृतवत्! समस्त कर्तव्यों के पालन के लिए। जीवन के सारे सुखों के लिए तथा जीवन को सफल बनाने के लिए स्वस्थ्य शरीर का होना परमावश्यक है। हाँ उजाले का महत्त्व तो अंधा ही समझता है।

प्रेम का महत्त्व प्रेमी, धन का महत्त्व गरीब व भिखारी और स्वास्थ्य का महत्त्व रोगी ही समझ पाता है। स्वास्थ्य से धन, पद, प्रतिष्ठा और जीवन की सफलताएँ, सबकुछ प्राप्त होती है। महाकवि कालिदास ने ठीक ही कहा है— "शरीरमाद्यं खलु धर्म साधनम्।"

इसका अर्थ यह है कि शरीर सभी कार्यों का साधन है। धर्म, अर्थ, काम और मोक्ष के लिए हमारा शरीर ही साधन है, अतः शरीर की यत्नपूर्वक रक्षा करनी चाहिए। इस संसार में प्रत्येक प्राणी की मौत तो निश्चित है—

जातस्य ध्रुवो मृत्यु। फिर भी सदैव स्वास्थ्य का ध्यान रखना चाहिए—

**धर्मार्थकाममोक्षाणं शरीर साधन यतः।**
**अतोरुग्यस्तनुंरक्षेन्नरः कर्म विपाकबित॥**

इसलिए व्यक्ति को कर्म के अनुसार शरीर रोगों से रक्षा करनी चाहिए। यथार्थ के धरातल का हम हर क्षण अहसास करें कि हमारा विवेक और धैर्य ही सफलता के मार्ग पर ले जाएगा। कर्म करते हुए सौ वर्ष तक जीने की इच्छा करनी चाहिए—यजुर्वेद का उपदेश दर्शनीय है—

**कुर्वन्नेवेहि कर्माणि जिजीविच्छेद समाः।**

तभी हम जीवन की टेढ़ी-मेढ़ी, कँटीली राहों पर चलकर सफलता की मंजिल हासिल कर सकते हैं।

**2. समय का सदुपयोग**—ज़िंदगी में हमें बहुत कुछ करना है, तो हमें अभी-अभी काम शुरू कर देना चाहिए, क्योंकि आज का दिन ही ज़िंदगी का आखिरी दिन हो सकता है। कल का क्या भरोसा है? आज का काम आज ही पूरा ध्यान लगाकर करना उचित है, क्योंकि ईश्वर ने हमें काम करने और आनंद से सफलता की ओर बढ़ने के लिए आज का दिन उपहार में दिया है। बीत गया, सो बीत गया। कहा गया है—"बीती ताहि बिसार दे आगे की सुधि लेय।"

आज के दिन का प्रत्येक क्षण निचोड़ लो। अकर्मण्य रहकर जीवन गुजारना ईश्वर का अपमान है।

समय पर काम पूरा करना है। यही सफलता और गौरव का रास्ता है। इसलिए हम उठें, जोश के साथ काम करते रहें। काम करते रहें। निश्चित रूप से मेहनत रंग लाएगी और हमारी ज़िंदगी को खुशियों की रोशनी से रोशन कर देगी। संसार की सभी वस्तुओं से समय अधिक मूल्यवान है।

समय को बर्बाद करना सबसे बड़ी अपव्ययता या यों कहिए सब से बड़ी फिजूल-खर्ची है। अंग्रेज लेखक वास्टर ने कहा है, "व्यर्थ में समय बर्बाद नहीं करना, याद रखिए बाद में पछताना पड़ेगा।" हमारे यहाँ कहावत है—'समय चूकि पुनि का पछिताने।' समय का सदुपयोग

करना हमारा नैतिक धर्म है। यह छोटी-सी ज़िंदगी हमें ईश्वर ने दी है। दुनिया में कुछ करने, दीन-दुखियों के आँसू पोंछने, बेसहारा लोगों की सेवा करने के साथ भविष्य में अपने वाली पीढ़ी के लिए सुखद उपकरणों तथा अन्य जीवनोपयोगी वस्तुओं की खोज करना एल्वा एडिसन, जेम्स वाट, स्टीफन तथा मैकमिलन की तरह। यदि हम ऐसा नहीं करते तो ईश्वर हमसे रूठ जाएगा और मौत ले जाकर कब्र में सुला देगी। आओ, कुछ महान् काम करें, तभी ईश्वर द्वारा दी गई ज़िंदगी सफल होगी। ज़िंदगी भी जन्म और मृत्यु के बीच का समय है।

**3. आत्म ज्ञान**—मनुष्य इस धरती का प्रकाश है। मनुष्य में ही अपने और दूसरों की मुश्किलों व अँधेरे से लड़ने की क्षमता है। यदि वह कोई दीप जलाकर नीचे नहीं रखकर, बल्कि दीवार के ऊपर रखे ताकि सबको प्रकाश मिले। इसका तात्पर्य यह है कि हम अपने आस-पास के परिवेश को नजरअंदाज न करें। हमारे हृदय में प्रकाश हो और हम अपने आपको पहचानें। अपने दुर्गुणों को छोड़ कर सद्‌गुणों का विकास कर हम सफलता की बुलंदियों तक पहुँच सकते हैं, तभी दूसरों की सहायता कर सकते हैं। महात्मा गौतम बुद्ध ने तभी यह उपदेश देते हुए कहा था, ''अप्प दीपो भव' अर्थात् स्वयं अपने दीप बनो उसी के उजाले में जीवन की राह पर चलकर मंजिल तक पहुँच सकते हैं।

अपनी पहचान की परवाह मनुष्य को स्वयं करनी होती है। जब व्यक्ति कर्मठता के साथ खुद को गढ़ता और सँवारता है, तभी उसकी समाज में पहचान बनती है। इतना ही क्यों, हर वक्त सीखने की ललक रखते हुए खुद को अपडेट करने पर ध्यान देता है। अपने पाँव धरती पर रखना, हवा में न उड़कर सफलता के मार्ग पर चलें।

आत्मज्ञान का रिश्ता हमारे साथ है, जो यह प्रकट करता हैं कि हम क्या हैं और हम क्या हो सकते हैं? दार्शनिक सिसरो का कथन है कि 'अपने आपको पहचानने' का सिद्धांत पूरी तरह से मानव जाति के अहं

को पूरी तरह से दूर करने का इरादा नहीं है, लेकिन उसी तरह से हमें अपनी आत्यिक चेतना को समझना जरूरी है, क्योंकि आत्मा में अपरियेय शक्ति है।

आत्मा ईश्वर की प्रतिमूर्ति है, जो धरती की माटी से मुक्त है। यह तो ईश्वर के शाश्वत स्वर्ग में चमकती रहती है। दिन का सितारा है सूरज जो आग की एक चिनगारी है, आसमान में एक क्षणिक उल्का मात्र, लेकिन आत्मा तो अपने पूर्वजों की तरह अमर है जो कभी मरेगी नहीं। हमें अपनी आत्मा के उजाले में निर्भय होकर अपनी मंजिल की ओर बढ़ना है। दोस्तो! आप जिस किसी क्षेत्र में अपनी पहचान बनाना चाहते हैं, उसके लिए जरूरी अपेक्षाओं को समझते हुए अपने आप आपको तैयार करें तथा अपने भीतर छिपे जज्बे को जगाएँ और जो कुछ करना है, उसे करना है तो विश्वास रखिए आप मुश्किलों की आँधी या तूफान से विचलित हुए बिना आगे बढ़ते जाएँगे। आखिर में आप सफलता के शिखर पर पहुँच जाएँगे। हमारी सफलता हमारे कर्मों पर निर्भर है। हमारे कर्म, ज्ञान, संकल्प, साहस तथा आचरण पर निर्भर करते हैं।

**4. कर्म ही पूजा**—संसार में सभी कार्य करने से होते हैं। बिना किए कुछ नहीं होता। जैसा कहा गया—कृतो भवति सर्वत्र आनाकृतो विद्यते भवते न क्वचित् भवते कर्म ही सफलता का मूल्य है। काम ही प्रतिभा का जनक है। सारी समृद्धि का आधार है और ऐसा नमक है, जो स्वाद को बढ़ा देता है। यह शरीर को दुबला-पतला और स्मार्ट, दिमाग को सजग बनाए रखता है। जब इसकी उपेक्षा की जाती है तो यह शरीर और दिमाग को कुंठित कर देता है।

लियोनार्दो द विंची का कथन है, ''लोहे को छिपाए रखने से जंग लग जाती है। ठहरे हुए पानी की शुद्धता नष्ट हो जाती है। ठीक उसी तरह से निष्क्रियता से मनुष्य का शरीर और दिमाग की शक्ति क्षीण हो जाती है।''

बिना कर्म के ज़िंदगी व्यर्थ हो जाती है और जल्दी ही कब्र का शिकार हो जाती है। तब ऐसी ज़िंदगी में सफलता की कामना व्यर्थ है। तभी मैथिलीशरण गुप्त का कहना है—

**काम करो, कुछ काम करो,**
**जग में रहकर कुछ नाम करो॥**

गीता में कहा गया है—"बस काम करो, फल की इच्छा मत करो," कर्म ही सफलता का समुचित रास्ता है। यह पूरी तरह से सुनिश्चित है कि काम करने से काम होता है। हर क्षण कुछ काम करो। सफलता का यही रहस्य है। प्रसिद्ध लेखक रस्किन ने कहा, "ईश्वर ने मनुष्य को इस धरती पर काम करने के लिए भेजा है। इसीलिए प्रत्येक व्यक्ति अपना काम करने में प्रसन्न रहता है और जीवन को सफल और सार्थक बनाता है।" फिर हम क्यों न काम करें। इस दुनिया को नई दिशा क्यों न दें?

**5. परिश्रम और सफलता**—सफलता कठोर परिश्रम से ही संभव है, बिना परिश्रम के सफलता का स्वप्न देखना मूर्खता है। कार्य करने से ही सफलता मिलती है, इच्छाएँ करने से नहीं। कहा जाता है—

**उद्यमेन सिद्धन्ति कार्याणि न मनोरथैः**

कहानी है राम वन में शबरी के आश्रम में 'बेरों' का स्वाद ले रहे थे। उस समय अपार्थिव फूलों से आस-पास का परिवेश महक रहा था। राम ने शबरी से इसका कारण पूछा। उसने बताया, मातंग नामक ऋषि वृद्ध थे। वह बारिश में काम आने वाली लकड़ी काटने जंगल में गए। लकड़ी काटने से परिश्रम के कारण रास्ते में पसीने की बूँदें गिरी। उसी से यह फूल उगे हैं—'धर्मानिजानिकुसुमानि' इसीलिए स्वर्गीय सुगंध आ रही है। कहने का अर्थ है कि बिना श्रम के जंगल में मंगल नहीं हो सकता। सफलता का सीधा मार्ग परिश्रम है। 'श्रमेण सिद्धंयति' सर्वत्र गूँज रहा है।

एंड्रू कार्नेगी के यहाँ कार्यरत चार्ल्स स्वाब का कहना है कि "मैंने जो कुछ भी सफलता हासिल किया है, वह परिश्रम से प्राप्त किया है। भाग्य से नहीं।" दुनिया की भीड़ में भटके नौजवानों को परिश्रम का संबल लेकर जीवन के किसी भी क्षेत्र में सफलता प्राप्त करने का प्रयास करना चाहिए। किसी शायर ने कहा है—

**मेहनत करो अजीजो, मेहनत से काम होगा।**
**कहते हो जिसको किस्मत, मेहनत से प्राप्त होगी॥**

अतः हमें इस संसार में भाग्य के प्रतिकूल होने पर भी अपने दोषों का निवारण, मन को रोकना एवं समझाने के साथ जीवन में सफल होने के लिए सतत प्रयत्न करते रहना चाहिए। ऐसे उद्योगी एवं परिश्रमी पुरुष के निकट लक्ष्मी स्वयं आती है। भाग्य! भाग्य! तो कायर पुरुष कहा करते हैं। इसलिए भाग्य का भरोसा न करके अपनी शक्ति के अनुकूल पुरुषार्थ करते रहना ही उचित है। यदि प्रयास करने पर भी सफलता नहीं मिलती है तो इसमें हमारा कोई दोष नहीं रह जाता। यही सोचकर आगे बढ़ो। यहाँ कविवर रामधारी सिंह दिनकर के कथन दर्शनीय है—

**ब्रह्मा से कुछ नहीं, भाग्य में मनुज लिखा कर लाया।**
**अपने ही भुजबल से जग में सब कुछ उसने पाया।**

महाभारत के युद्ध में वीर प्रवर कर्ण का सारथी था शल्य। वह उसे उत्साहित करने के स्थान पर हतोत्सहित करता था, यह कह कर 'तुम सूत हो, सूतपुत्र हो, पांडव राजपुत्र हैं, उनका मुकाबला तुम नहीं कर सकते।' इस प्रकार शल्य उसके दिल में चुभो रहा था। कर्ण ने आवेश में आकर कहा—

**सुदो वा सूदपुत्रोयोकोवा अहम्।**
**दैवायते कुले जन्मः ममाहितं पौरुषम्॥**

अर्थात् 'सूत हूँ या सूतपुत्र हूँ, जो भी कोई मैं हूँ, यह जन्म तो भाग्यवश इसमें हुआ है, लेकिन मेरे पौरुष को देखो। निश्चित रूप से पौरुष और

साहस से जीवन में सफलता प्राप्त होती है। फिलिप सिडनी का तो यह कहना है, ''साहस और पौरुष सभी वस्तुओं को अपने कब्जे में रखता है, यहाँ तक कि कठिनाइयों में भी अपनी महानता बनाए रखता है और सफल होता है।

**6. सफलता विरासत नहीं**—मानव जीवन में अनेक क्षेत्र हैं, जिनसे जीवन सुखी, स्वस्थ और समृद्ध बनता है, लेकिन हर क्षेत्र के अलग-अलग रास्ते है। सामाजिक, आर्थिक, राजनीतिक, शैक्षिक, वैज्ञानिक इन क्षेत्रों में सफल होने के लिए उन्हीं के अनुरूप परिश्रम और सोच का प्रयोग किया जाता है। सफलता विरासत में हासिल नहीं होती। हमें अपने पूर्वजों से और माता-पिता से जमीन, जायदाद, धन दौलत तो प्राप्त हो सकती है, किंतु जीवन में सफलता संभव नहीं है। नेता भले ही अपने पुत्रों को नेता बनाने का प्रयास करें, वास्तविक सफलता नहीं दिला सकते। यदि विरासत में कुछ मिल भी गया और उसके लिए उपयुक्त योग्यता हासिल नहीं की तो देर-सबेर सबकुछ चला जाएगा। यदि व्यक्ति योग्यता और क्षमता विकसित नहीं करता तो सफलता उससे कोसों दूर रहेगी।

कार्लाइल ने कहा है, ''मानव जाति गुजरे हुए जमाने में क्रियाशील रही है। पिछली पीढ़ियाँ सफल होती रहीं। जो कुछ पिता ने किया, उसका उपयोग पुत्र ने किया, लेकिन उसने भी अपने तरीके से काम किया। इस तरह सारी चीजें आगे बढ़ती रहीं। कला, स्थापत्य तथा अन्य विचार पूरे नहीं हो पाए।'' यह संपूर्ण सफलता की क्रिया चलती रही।

अतः नौजवानों को अपने आत्मविश्वास और साहस के आलंबन पर अपने मार्ग पर बढ़ते रहना ही श्रेयस्कर है। कहा भी गया है—

**निज कृत कर्म सुखद फल दाता।**

सफलता ज़िंदगी में हमें अपने व्यक्तिगत प्रयासों से ही मिलती है। सफलता प्राप्त करने का सिलसिला ज़िंदगी भर चलता रहता है। मानव

की आत्मा सबसे श्रेष्ठ बनने के प्रयास में रहती है और जो कुछ उसमें अंतर्निहित है, उसे प्रकट करती रहती है।

लेकिन सफलता के लिए निम्न बिंदुओं पर अवश्य विचार करें—

1. अपनी विशिष्ट योग्यता परखें।
2. महान् होने की सोच रखें
3. प्रोत्साहित रहें, कार्य में उमंग और उल्लास रखें।
4. समस्याओं की चिंता छोड़े।
5. अतीत को भूल जाएँ।
6. ईश्वर में विश्वास रखते हुए अपने उत्तर दायित्व का निर्वहन करें।

**7. सफलता और जिजीविषा**—जीवन में सफलता प्राप्त करने के लिए बड़ी-से-बड़ी मुसीबत को झेलते और जूझते हुए हमें बिना घबराए आगे बढ़ना चाहिए। कड़ी धूप-जाड़ा गरमी या बरसात की परवाह किए बिना परिस्थितियों से लगातार जूझकर सफलता की मंजिल की बढ़ना ही उचित है। इसके लिए हमें शरीर, दिमाग और आत्मा का संतुलन बनाए रखना परमावश्यक है। यह हमारे आचरण, बुद्धि, ज्ञान तथा सामाजिक जीवन पर निर्भर करता है। हमारी इच्छाएँ और सपने मंजिल तक पहुँचने की ओर संप्रेरित करती हैं जहाँ जीने और कुछ कर गुजरने की साध होती है, वहाँ हर मुसीबत मोम हो जाती है और हम असफलता के अँधेरे से निकलकर तमसो मा ज्योतिर्गमय की प्रार्थना को सार्थक करते हैं।

एक बार महावीर स्वामी, अपने शिष्य मक्खलिपुत्र गोषाल के साथ रास्ते में जा रहे थे। रास्ते में एक अदना-सा पौधा खड़ा था। शिष्य ने पूछा, ''स्वामीजी इस पौधे का भविष्य क्या है?''

'यह पौधा बढ़ेगा' स्वामीजी ने कहा, ''पल्लवित, पुष्पित होगा। आगे इस पर फल आएँगे।''

यह सुनकर गोपाल हँसा और पौधे को उखाड़कर फेंक दिया। स्वामी उसके साथ आगे चले गए। एक महीने बाद लौटकर आए, देखा लगातार वर्षा के कारण पौधा खड़ा लहरा रहा था। गोपाल ने फिर प्रश्न दुहराया और स्वामी ने वहीं उत्तर दिया और कहा उखाड़ना चाहो तो उखाड़ दो। गोपाल उसे नहीं उखाड़ सका। कहने का तात्पर्य यह है कि पौधे में जिजीविषा थी, उस परिस्थिति में भी बंद जूझता खड़ा था। ठीक उसी प्रकार मेरे नौजवान साथियो! जिजीविषा का संबल लेकर चलो। तो तुम्हारे लिए सफलता हस्तामलक है।

यदि हमारी आकांक्षाएँ अंधी है। ज्ञान और ध्यान निश्चेष्ट है तथा हमारे सपने बेजान हैं तो सफलता हमारे लिए गूलर का फूल है। यदि हममें आत्मविश्वास, दृढ निश्चय तथा साहस पूर्ण निर्णयात्मक क्षमता है। आशावादी दृष्टिकोण है, सकारात्मक सोच है। उत्साही मन है। ऊर्जस्वी पराक्रम है तो सफलता हमारे चरण चूमेगी। किसी ने ठीक ही कहा है—

**मंजिल उनको मिलती है,**<br>**जिनके सपनों में जान होती है।**<br>**सिर्फ पंखों से कुछ नहीं होता,**<br>**दोस्तो हौसलों से उड़ान होती है।**

**8. अवसर के प्रति सचेष्टता**—मनुष्य की ज़िंदगी में अनेक बदलाव आते हैं। समस्याएँ और मुसीबतें भी आती हैं। उनका निदान हो जाता है। वैसे ही सफलता के अवसर भी आते हैं। कभी-कभी महान् अवसर भी आता है, लेकिन हम सचेष्ट नहीं होते तो वह हमारे हाथ से निकल जाता है। ये अवसर हमारे दैनिक जीवन की छोटी-छोटी वस्तुओं पर काम करने से आते हैं। हमें अवसर को सचेष्ट होकर कैद कर लेना चाहिए। यहाँ रोम के दार्शनिक सिनेका का कथन हमें अवसर

के प्रति सजग और सचेष्ट करता है, "यदि हम सजग नहीं होते तो हम अपने अवसरों को खो देते हैं। यदि हम जल्दी नहीं करते, तो हम पीछे रह जाते हैं। हमारा सर्वोत्तम समय हाथ से निकल जाता है और बुरा समय आ जाता है। हमारी ज़िंदगी का असली भाग सबसे पहले नष्ट होता है और व्यर्थ का अफसोस रह जाता है।" अतः हमें सजग रहकर; आलस त्याग कर, समय बर्बाद न कर, 'शुभस्य शीघम्' अनुसार अवसर का लाभ उठाना ही हित कर है और जिस से हम सफलता की देहरी तक पहुँच जाते हैं।

एक बार सिकंदर महान् एथेंस पहुँचा। वहाँ उसने मूर्तियाँ देखीं। उसने एक ऐसी मूर्ति देखी, जिसका चेहरा ढका था और पैरों में पंख लगे थे। आश्चर्यचकित होकर शिल्पकार से पूछा—

'यह किसकी मूर्ति है?'

'अवसर की'

'इसका चेहरा क्यों ढका है?

"क्योंकि अवसर उनके सामने से निकल जाता है, जो मनुष्य जब अस्त-व्यस्त रहे होते हैं।"

'इसके पैरों में पंख क्यों लगे हैं?'

'क्योंकि अवसर इन्हीं पंखों पर उड़ जाता है, फिर लौट कर नहीं आता है।'

इसी बात को समझकर सिकंदर ने 27 वर्ष की उम्र में दुनिया को जीत लिया था। इसलिए हम समय का मूल्य समझें। उसे झपटें, घेरें और प्रत्येक क्षण का आनंद उठाएँ, आलस छोड़ें विलंब न करें। काम करने में टालम टोल न करें। आज का कार्य कल पर न छोड़ें और सफलता पाने के अवसर न निकलने दें।

रोमन सम्राट् टाइटस समय के प्रति अत्यंत सजग था। एक बार वह रात्रि की दावत में गया था। उस दिन उसने कोई काम नहीं किया था।

उसने अफसोस करते हुए कहा था, दोस्तो! आज मैंने एक दिन खो दिया। पंचतंत्र में विष्णुशर्मा ने ठीक ही कहा है—

**कालो हि सकृदम्येति यन्नरं कालकांक्षिणम्।**
**दुर्लभः स पुनस्तेन कालकर्माऽचिकीर्षता।**

अर्थात् अपनी उन्नति पाने का सुअवसर पुरुष को अपने जीवन में एक बार प्राप्त होता है। उस समय जो व्यक्ति काम करना नहीं चाहता, वह उसे फिर अवसर नहीं प्राप्त होता।''

**अभिरुचि**—अभिरुचि या हमारी पसंद हमारे जीवन के प्रत्येक क्षेत्र में क्रियाशील रहती है। उसी के अनुरूप हमारा चरित्र, हमारी आदतें तथा विचार ढलते हैं और हम वही काम करते हैं। जो हमें पसंद होता है, उसी क्षेत्र में हम अपनी पहचान बनाते हैं। उस क्षेत्र की जरूरतों को समझकर, उसी के अनुसार तैयारी करके हमें अपने लक्ष्य की ओर पूरी ताकत, लगन और ईमानदारी के साथ बढ़ना चाहिए। इस दिशा में बिना थके, लगातार बड़ी मेहनत हमें करनी पड़ती है। हो सकता है कि कभी हमारी हिम्मत जवाब देने लगे और हम बीच रास्ते से ही पीछे लौटने की सोचने लगें, लेकिन इसके बाद क्या होगा? हम धैर्य खो देंगे तो जीवन का दाँव हार जाएँगे और हमारा दिल और दिमाग बुजदिल हो जाएगा और हम अपनी निगाहों में पस्त हो जाएँगे। किसी गीता में कहा है—

**क्लेव्यं मा स्मगः नैतद त्व उपपद्यते।**
**क्षुद्रं हृदयौर्वल्यं, व्यक्तो उत्तिष्ठ परंतपः॥**

'हे अर्जुन! कायर मत बनो, यह तुम्हें शोभा नहीं देता। हृदय की क्षुद्र दुर्बलता को त्याग खड़े हो जाओग।

अतः अभिलषित उद्देश्य में सफल होने के लिए दिल की बेमायगी छोड़ कर हिम्मत के साथ बढ़ना चाहिए। सुख-दुःख, हर्ष-विषाद और असफलता और सफलता का क्रम तो धूप-छाँह की तरह चलता रहता

है। अतः अपने पसंदीदा कार्य को मन लगाकर हिम्मत के साथ करो। किसी कवि ने हमें सावधान करते हुए कहा है—

**तूफानों को देख डगर में मत रुक जाना बावले,**
**संघर्षों में जीना ही तो जीवन का आधार है।**

मनुष्य के नन्हे कदमों से तो पत्थर की चट्टानों में भी रास्ता बन जाता है और वह शिखर पर पहुँच जाता है। अतः मनुष्य को जो मन भाए, वही काम करना ठीक है, क्योंकि इनसान के काम करने की क्षमता में उसकी रुचि का अहं योगदान होता है। हाल ही में बाउलिंग ग्रीन यूनिवर्सिटी में साइकॉलॉजिकल साइंटिस्ट क्रिस्टोफर के शोध के अनुसार जो व्यक्ति अपनी रुचि के अनुसार करते हैं, वे सरलता से ज़िंदगी में सफल हो जाते हैं, लेकिन जो अपने काम में रुचि नहीं लेते, वे अकसर फेल होते रहते हैं। इसलिए हमें जीवन में सफल होने के लिए अपनी रुचि के अनुसार काम करने के लिए क्षेत्र चुनना चाहिए।

**सत्संगति**—इस संसार में हम सब एक-दूसरे के सहयोग और प्रेम से ज़िंदगी को सुखी और मधुर बनाकर जी रहे हैं। जीवन में अच्छे और सफल लोगों के साथ रहकर ही हम सफलता की सीढ़ियों पर चढ़ सकते हैं। कहते हैं, अकेला चना क्या 'भाड़' फोड़ सकता है। सफलता की राह में सफल लोगों की टीम बेहद जरूरी है। मैंने देखा है कि चिटियाँ एक साथ रहती हैं और अपना-अपना काम करती हैं और एक ही बिल में दाना लाकर जमा करती हैं। क्या आश्चर्यजनक दृश्य है। मधुमक्खियों को तो गहरी और सूक्ष्म निगाह से देखो। एक-एक फूल से मधु लेकर आती हैं और एक साथ लाकर मधुकोश या शहद का छत्ता बनाती हैं। उसी प्रकार हमें विश्वस्त और सफल लोगों के साथ रहकर सफलता का रास्ता प्रशस्त करना चाहिए।

पंचतंत्र के अनुसार सत्संगति हमारी मूर्खता को दूर करती है, वाणी में सत्य का संचार करती है, गुणों को बढ़ाती है तथा समाज में हमारे

गुणों की चर्चा करती है और दोषों को छिपाती है। इस संसार में सत्संगति क्या नहीं कर सकती! अच्छे विचार सफल और भले लोगों के साथ रहने से प्राप्त होते हैं। आइजक वाल्टन ने ठीक कहा है, "अच्छे और सफल विचार ही हमें सफल जीवन की मंजिल तक बरबस ले जाते हैं।"

अब्राहम लिंकन जब प्रेसीडेंट का चुनाव लड़ रहे थे, तब उनके पास कपड़े तक नहीं थे, लेकिन उनके पास बहुत से दोस्त थे। उन्हीं के सहयोग और प्रेम से प्रेसीडेंट का चुनाव जीते थे। नेपोलियन ने स्वीकारा है कि "मैंने देश तो जीते, लेकिन मैंने अच्छे दोस्त कभी नहीं बनाए। इसलिए ज़िंदगी के आखिरी दिन अकेले में जी रहा हूँ।"

मेरे नौजवान साथियो! असफल लोगों के साथ कभी मत बैठना, ऐसे लोग अपनी असफलता के पैमाने से तुम्हें सलाह देंगे और हतोत्साहित करेंगे। उत्साही और सफल व्यक्ति तुम्हें सफलता का संदेश देंगे। चलो, उठो, सफलता जयमाला लिए खड़ी है तुम्हारी राह में। प्रसिद्ध कवयित्री महादेवी वर्मा का ओजपूर्ण संदेश दर्शनीय है—

**चिर सजग आँखें उनीदी।**
**जाग तुझ को दूर जाना।**

**जीवन में सामंजस्य**—प्रसिद्ध दार्शनिक ह्यूम ने कहा था, "वही व्यक्ति जीवन में सुखी और सफलता होता है, जिसकी परिस्थितियाँ उसके स्वभाव या मनोदशा के अनुकूल होती है, किंतु वह अत्यंत श्रेष्ठ होता है, जो अपने स्वभाव को परिस्थितियों के अनुकूल ढाल लेता है।"

जीवन में सफल होने के लिए परिवार, पड़ोस तथा पूरे समाज में सामंजस्य बनाए रखना बेहद जरूरी है। यदि हम ऐसा नहीं करते तो कई तरह की समस्याओं में घिरकर लक्ष्य से भटक जाएँगे। समाज में रहकर ही तो सफलता की सीढ़ियाँ चढ़ पाते हैं। प्रसिद्ध समाजशात्री दुर्खोम ने कहा था—"**समाज ही ईश्वर है**"

अत: हमें समाज के आदर्शों, परंपराओं और जीवन मूल्यों के साथ उसकी वर्जनाओं का समाज में सुख-शांति की स्थापना के लिए सही ढंग से परिपालन करना अत्यावश्यक है, क्योंकि समाज के सहयोग, प्रेम और सहानुभूति से ही हम आगे बढ़ते हैं। ब्रजेश समाज में रहते हुए अपने बच्चों में ईर्ष्या, द्वेष तथा लड़ने-झगड़ने का विष भरते रहे, जिसका परिणाम यह हुआ कि भरा-पूरा परिवार माटी में मिल गया। कई लोग मौत के गले से लगे और सम्मान गया, साथ ही स्वयं भी दिल की धड़कनों के साँजाने पर चिरनिंद्रा की नींद में लंबे पैर पसारकर लीन हो गए। सोने सा शरीर खाक में मिल गाया और मजबूत हड्डियाँ खील की तरह खिल गईं। उस पी.सी.एस. अधिकारी ने परिवार में सामंजस्य कभी नहीं बिठाया! ठीक है, ''विनाश काले विपरीत बुद्धि।''

सफल होने के लिए समाज में हँसी-खुशी से हिल-मिल कर अपनी राह में बेधड़क चलना चाहिए, क्योंकि किसी ने कहा है—

**हमेशा मिलके रहने का,**
**नतीजा नेक होता है।**
**वहीं कुछ लुल्फ होता है।**
**जहाँ दिल एक होता है।**

परिवार और समाज के ऐसे झगड़ों की झाड़ियाँ होती है कि मनुष्य उलझकर ज़िंदगी की राह को तो भूल जाता है और कसकती कँटीली दुनिया में अपनी साँसें पूरी करके किसी अज्ञात नाव में सवार होकर किसी अज्ञात देश को आँखों में आँसू सहेज कर चला जाता है।

**दाम्पत्य जीवन—**जवानी में मनुष्य के शरीर में स्फूर्ति, असीम उत्साह और चेहरे पर चमक और लावण्य होता है, जिसे देख युवक-युवतियाँ एक-दूसरे के आस-पास मधुमक्खियों की तरह चक्कर लगाते हैं। एक छरहरे बदन की फूल-सी सुकुमार, गुलाब की कली-सी खिली युवती मुझे प्रलुब्ध करने में सफल होने का प्रयास करने लगी। मेरा मन

भी उसके नयनों की रेशमी डोरी में बँधने लगा। उस समय में डिग्री कॉलेज में प्रवक्ता था। डिग्री कॉलेज के बुजुर्ग प्रधानाचार्य ने बुलाया और पास बिठाकर प्यार और सहानुभूति के स्वर में बोले मेरा नाम लेकर, "बेटा! मेरे कहने से तू इस सम्मानित परिवार की लड़की से शादी कर ले। जीवन में सुखी रहेगा।" मैंने आदेश का पालन किया, शादी की। आज सुखी हूँ। मेरा दाम्पत्य जीवन स्पृहणीय है। मेरा जीवन कुछ हद तक पूरी तरह से सफल है। आपको आश्चर्य होगा कि हम पति-पत्नी में कभी झगड़ा नहीं हुआ।

अतः मेरा नौजवानों से यही कहना है कि दाम्पत्य जीवन को स्वाभाविक प्यार और व्यवहार से सुखद बनाएँ। बच्चों को अच्छी शिक्षा और संस्कार दें, ताकि वे अपनी उन्नति के साथ समाज और राष्ट्र के अभ्युदय के लिए सतत प्रयत्नशील रहें, भ्रष्टाचार, रिश्वत और अत्याचार से दूर रहकर दुनिया में इनसानियत की इबारत लिखें।

दाम्पत्य जीवन की खटास ज़िंदगी की मिठास लील लेती है, परिणाम है सिर्फ बर्बादी! हमारे ही परिवार में एक पढ़ा-लिखा व्यक्ति है। चंद्र प्रकाश, वह न तो साधु है और न असाधु। उसने अपनी पत्नी से जीवन भर तालमेल नहीं बिठाया, किंतु वह दुखी आत्मा जब दुनिया से विदा हो गई तो फूट-फूटकर रोया और पश्चाताप में खो गया। कोई संतान नहीं थी। तब ज़िंदगी में सफलता कहाँ मिलती? अपने थोथे आदर्शों के कारण भाई-बहनों की ज़िंदगी भी बर्बाद कर दी। पढ़ाई-लिखाई काम नहीं आई। परिवार में सामंजस्य की डोर छूट गई। दूसरी ओर मेरा साथी किशन परिवार के मुकदमों में फँसा रहा। एक भी लड़का नहीं पढ़ पाया। आज बुढ़ापे में दयनीय ज़िंदगी ढो रहा है। आँखें और कान जवाब दे गए। बस निराशा में जर्जर जीवन आँसू पी रहा है। पत्नी किसी अज्ञात पीहर को चली गई।

अतः इस छोटी-सी ज़िंदगी में सुखी, स्वस्थ और संपन्न रहने के

लिए पारिवारिक और सामाजिक सामंजस्य की महती आवश्यकता है। सुखी दांपत्य जीवन में बच्चे फूल की भाँति खिलते हैं, पढ़-लिखकर माँ-बाप का नाम रोशन करते है। फरिश्ते खुशी के गीत गाते हैं। हम सभी को रहीम का कहना मानना चाहिए—

**प्रीति-रीति सबसो भली, बैर न हित मित गोत।**
**रहिमन या ही जन्म की बहुरि न संगति होत॥**

□

*अध्याय-6*

# सफलता और सकारात्मक सोच

*"मैं भी कहता हूँ कि जीवन सचमुच अंधकारमय है, यदि आकांक्षा न हो। सारी आकांक्षाएँ अंधी है, यदि ज्ञान न हो सारा ज्ञान व्यर्थ है, यदि कर्म का ज्ञान न हो। जब तुम प्रेम से प्रेरित होकर कर्म करते हो, तब तुम स्वयं से बँधते हो, एक-दूसरे से बँधते हो, भगवान् से बँधते हो।"*

***–खलील जिब्रान***

दार्शनिक जिब्रान के अनुसार मनुष्य के जीवन में क्या घटित होने वाला है, ज्ञात नहीं है। हम सब अँधेरे में जी रहे हैं। कब, क्या होने वाला है, कोई नहीं जानता। आकांक्षा और उम्मीद के उजाले में जीते हैं, लेकिन आकांक्षाएँ भी अनगिनत हैं, जिनका हमें ज्ञान नहीं है और यदि ज्ञान हो भी तो बिना कर्म के उसका कोई अर्थ नहीं। तभी तो गीता में भगवान् कृष्ण ने ज्ञान से कर्म को श्रेष्ठ बताया है। सांसारिक प्रेम से प्रेरित होकर हम कर्म करते हैं। मोह और ममता की गठजोरी से बँधे रहते हैं, एक-दूसरे के सहयोग से ज़िंदगी की राह सुगम और सुखद हो जाती है तो स्वयं ही ईश्वर में आस्था हो जाती है। तभी हम आगे बढ़ते हैं। प्रसन्नता के फूल खिलते हैं और मंजिल हमारे कदमों को आकर चूम लेती है।

संसार का कोई काम हमारे लिए कठिन नहीं रह जाता, यदि हमारा

दृढ निश्चय, साहसपूर्ण निर्णायक क्षमता और आशावादी दृष्टिकोण है। आजकल नौजवान दुनिया की भीड़ में भटक रहे हैं जॉब के लिए, कॅरियर के लिए, अरे भाई सकारात्मक सोच, उत्साही मन और ऊर्जस्वी पराक्रम से सबकुछ हासिल किया जा सकता है। हम दुःख में भी सुख और विफलता में सफलता खोज लेंगे। याद रहे हम समय के साथ चलकर, बुरे आचरण को छोड़कर अपने कर्म से संसार में अपनी पहचान बना सकते हैं।

आज के कोलाहलपूर्ण संसार में आत्मविश्वास का संबल लेकर हमें अपनी मंजिल तक पहुँचने के लिए जीवन मूल्यों को स्वयं सहेजना होगा, बाहरी अवधारणाओं को बदलकर जीने की दिशा को मोड़ना आवश्यक होगा। साथियो! अँधेरा तभी तक डरावना होगा, जब तक हाथ दीपक की बाती तक नहीं पहुँचता। आप अपने भविष्य निर्माण के लिए कार्य करना आरंभ कीजिए, और सोचिए आज के पाँच वर्ष बाद आप कहाँ पहुँचना चाहते हैं,जहाँ आपको मनचाही सफलता और ज़िंदगी हासिल हो सकती है। आत्मविश्वास का सहारा ही आवश्यक है। एक चीनी कहावत सटीक है—''महापुरुषों में आत्मविश्वास होता है और दुर्बलों में केवल इच्छाएँ होती है।'' इच्छाओं की पूर्ति तो कर्म पथ पर चलकर ही होती है। जीवन में सफलता प्राप्त करने के लिए निम्न उपायों तथा नियमों का अनुपालन परमावश्यक है—

**1. ब्रह्ममहूर्त में जागना**—सफलता चाहने वाले व्यक्ति को सूर्योदय से लगभग डेढ़ घंटे पूर्व उठ जाना चाहिए, क्योंकि इसी समय मनुष्य की दिनचर्या नियमित होती है और वह अभिवादन, नित्यकर्म, मांगलिक वस्तुओं का दर्शन, व्यायाम, स्नान, जप, तप तथा प्रार्थना के लिए समय निकाल लेता है। शुद्ध वायु के सेवन से शरीर स्वस्थ, मन और मस्तिष्क तथा बुद्धि का परिष्कार होता है। अरस्तू ने कहा था—''दिन निकलने से पहले उठने से स्वास्थ्य, संपदा और बुद्धि का विकास होता है।'' यदि

हम जल्दी नहीं उठते तो किसी भी क्षेत्र में सफलता प्राप्त नहीं कर सकते। महापुरुषों ने महान् कार्य जल्दी उठकर ही किए हैं। अतः हमें जल्दी उठकर जीवन यात्रा प्रारंभ कर देना ही उचित होगा।

**2. प्रार्थना**—आज संसार की तेज रफ्तार के साथ मनुष्य की ज़िंदगी की रफ्तार तेज हो गई है, यहाँ तक कि मनुष्य की मानसिक शांति भी खो गई है। वह संसार के वैभव को शीघ्र पा लेना चाहता है। इसके कारण वह निराशा, कुंठा, तनाव और अवसादग्रस्त हो गया है। अगर हम जीवन के कष्टों और चिंताओं से मुक्त होना चाहते हैं तो ईश्वर की प्रार्थना करनी चाहिए, क्योंकि वही हमारी जीवन यात्रा में साथ चलता है और मंजिल तक पहुँचाता है। सारी समस्याओं का समाधान ईश्वर है। उसी के आंतरिक आदेश से कर्म निरत होते हैं यही प्रार्थना करते हैं—

**वह शक्ति हमें दो दयानिधे!**
**कर्तव्य मार्ग पर डट जावें॥**

**3. मन की शांति**—चंचल और अशांत मनुष्य कभी सुखी, संपन्न और सफल नहीं हो सकता, अतः ईर्ष्या, द्वेष, घृणा आदि मनोविकारों से बचकर शांत वातावरण में जीवन यात्रा पर चलना श्रेयस्कर होता है। अशांत मन से जीवनदायिनी शक्ति क्षीण होती है, जो संघातक बनकर समस्याओं को जन्म देती है, जिसके कारण शारीरिक ऊर्जा घटती है, यहाँ तक कि याददाश्त की कमी के कारण शारीरिक ऊर्जा घटती है। कार्य करने की क्षमता घट जाती है, जो सफलता की मंजिल तक पहुँचने में बाधक होती है। अतः प्राकृतिक वातावरण में सानंद कार्य करें, सफलता और असफलता की चिंता छोड़ कर बस कर्म करें। निश्चित रूप से आप अपने मिशन में सफल होंगे। लेखक एम. हेनरी ने स्पष्ट करते हुए ठीक ही कहा है, "शांति तो अनमोल रत्न है, जिसके उजाले में सफलता की राह जगमगा उठती है।"

इसी बात को प्रसिद्ध लेखक कोल्टन कहता है कि, "शांति तो आत्मा की संध्या का सितारा है और उसका गुण है सूरज की चमक की तरह। ये दोनों अलग नहीं हो सकते। ये जीवन के पथिक की राह को उज्ज्वलित करके शिखर तक ले जाते हैं।"

**4. अमूल्य जीवन**—दिमाग से निकाल दो कि संसार मिथ्या है, निस्सार है। याद रहे संसार जब तक हम जीवित है जगत है, जगत भी सत्य है, जीवन भी सत्य है। लोक में यह प्रचलित है—

**नर तरे चोला रत्न अमोला,**
**व्यर्थ खोबै मती ना।**

हमारे विचार से जीवन की विषम परिस्थितियों में भी सजग और सचेष्ट रहकर हँसते-हँसते ज़िंदगी के सफर में बढ़ना चाहिए। जीवन में परेशानियाँ तो आती ही हैं। ये किसी बीमारी, आर्थिक संकट या परिवार में किसी दुःखद घटना के रूप में हो सकती है, लेकिन हमें इन सभी कठिनाइयों तथा मुसीबतों के बावजूद अपनी योजनाओं और उद्देश्यों पर टिके रहना चाहिए, क्योंकि समस्याएँ तो जीवन का ही एक हिस्सा हैं।

हमें हमेशा अपनी महत्त्वाकांक्षा के साथ जीना चाहिए और अपने सपने साकार करने के लिए सतत प्रयास करना परमावश्यक है। समस्या या मुसीबत छोटी हो या बड़ी, उसके सामने घुटने टेकना आत्मा की तौहीन है। जो मन में कुछ करने की ठान ली है तो फिर रुकना कैसा? हमने कहते सुना है।

**उठूँगा तो तूफान बन के उठूँगा।**
**अभी मैंने उठने की ठानी ही कब है?**

आखिर कब उठोगे, क्या जीवन की अनमोल घड़ियाँ बीत जाएँगी, तब? क्या समय तुम्हारी प्रतीक्षा करेगा? जो मनुष्य शीघ्र करने योग्य कामों में देर लगाता है, उसके उस कार्य को देवता लोग भी क्रुद्ध होकर नष्ट कर देते हैं। कहा गया है—

**शीघ्र कृत्येलु कार्येषु विलम्बयति यो नरः।**
**तत्कृत्यं देवतास्तस्य कोपाद्विघनत्य संशयम्।**

अतः अपने लक्ष्य की प्राप्त करके अपने अमूल्य जीवन को सार्थक बनाएँ।

**5. प्रकृति से निकटता**—महापुरुष सोमरसैट ने कहा था, "प्रकृति के एकांत स्थानों, पहाड़ों, झरनों, घाटियों, चरागाहों, नदी की छोटी-छोटी धाराओं, झाड़ियों का किसी झोंपड़ी में जहाँ शांत, सुखद चिड़ियाँ छोटा-सा मधुर गीत शाम-सवेरे गाती हैं, वहीं स्वास्थ्य, शांति और चिंतन निवास करता है।" निश्चित ही प्रकृति की मनोहर छटा व सुवासित वायु हमारे दिमाग में स्फूर्ति और ताजगी भर देती है, जिसके कारण उमंग और उत्साह के साथ हम सफलता की राह बढ़ने लगते हैं। प्रकृति हमारी माँ है, दयावान और अनुशासन प्रिय।

यदि हम उसकी इच्छानुसार कार्य करते हैं तो वह हमें सुखी और संपन्न बनाती है और उसके विरुद्ध कार्य करते हैं, तो वह हमें दंड देती है। क्षमा करना नहीं जानती। वह पैदा करती है, पालती है, सुरक्षा करती है और अपने हाथों से ही अपनी गोद में अंत में सुला लेती है। अतः हमें प्रकृति के कार्य करते हुए अपनी जीवन यात्रा को सफल बनाना जरूरी है।

क्योंकि प्रकृति हमें सामाजिक जीवन में प्रसन्नता और आनंद पर निर्भर बनाना चाहती है, न कि निराशा और विषाद की समाधि।

**6. लोकव्यवहार**—जीवन के प्रत्येक क्षेत्र में सफलता प्राप्त करने के लिए लोकव्यहार की अहं भूमिका रहती है। समाज आत्माओं का परिवेश है और हम आवश्यक रूप से इससे कुछ ग्रहण करते हैं, जो या तो बीमारी और शत्रुता फैलाने वाला होता है या सुंदर और उत्साहवर्धक होता है, जो हमारी ज़िंदगी के सफर को सुखद और सफल बनाता है। महापुरुष गेटे का कथन है, "हमारा व्यवहार ऐसा दर्पण है जिसमें हमारा प्रतिबिंब झलकता है।" दार्शनिक सिनेका ने तो यहाँ तक कह दिया है

कि ओछा या छिछोरा व्यवहार है, जो हमारे अच्छे गुणों में विष घोल देता है, जो हमारी सफलता की राह में दीवार बनकर खड़ा हो जाता है। अतः हमें रहीम के इस कथन को ध्यान में रखकर सबके साथ मधुर व्यवहार करना चाहिए—

**रहिमन धागा प्रेम का मत तौड़ी चटकाय,**
**टूटे से यह ना जुड़े, जुड़ै गाँठ पड़ जाय।**

**7. श्रद्धा की महत्ता**—यदि हमारे अंतर्मन में किसी के प्रति श्रद्धा है तो हम निश्चित रूप से जीवन में सफलता प्राप्त कर सकते हैं। श्रद्धा के बिना भौतिक एवं आध्यत्मिक सफलता प्राप्ति संभव नहीं है और दूसरे अभाव में संचित किया हुआ धन-ऐश्वर्य भी दुःख-पीड़ा, अशांति और विपदाओं का तूफान लेकर आता है। आध्यात्मिक संपदाओं में एक परम संपदा स्वयं पर श्रद्धा करना है। यह परम कल्याणकारी है। यह जीवन का प्रेरणास्रोत है। इसके द्वारा हम अपने जीवन की डोरी को परमात्मा के चरणों से बाँध सकते हैं, जो हमारे सफलता के मार्ग को प्रशस्त कर देता है। श्रद्धावनत होकर हमें सामाजिक जीवन में सफलता मिलती है। निराशा के बादल छँट जाते हैं और आशा का आकाश जगमगा उठता है। गीता में कहा गया है—

**श्रद्धावान् ज्ञानं लभते।**

सही भी है ज्ञान और कर्म के संयोग से ही तो सिद्धि मिलती है।

**8. गरीबी और सफलता**—गरीबी सफलता के मार्ग में अवरोधक नहीं है। सफलता मानसिक अवस्था से, लक्ष्य की निश्चितता से प्रारंभ होती है, चाहे उसमें कड़ी मेहनत हो या न हो। मानव जाति की यह कमजोरी है कि मानव सामान्य रूप से असंभव शब्द का प्रयोग करता है, लेकिन सफलता तो उन्हीं लोगों की मिलती है, जो सफलता के बारे में सोचते हैं। हैनरी जार्ज ने कहा है, "गरीबी का हम जितना अधिक कष्ट झेलते हैं, उतनी ही अधिक सफलता मिलती है।" क्या आप बताएँगे

हेनरी फोर्ड, एल्वा ऐडीसन, ऐंड्रूकारनेगी, कितने धनवान थे। अब्राहम लिंकन, रूजवेल्ट, बैंजमिन फ्रेंकलिन, डिजराइली के पास कौन सी जागीर थी। सभी गरीब थे। ऐसे कितने ही महापुरुष हैं, जो गरीबी के रास्ते से ही शिखर तक पहुँचे। अपने देश में ही महान् मिसाइल पुरुष ए.पी.जे. अब्दुल कलाम गरीब परिवार में जहाँ थे, जिसमें दो जून की रोटी मयस्सर नहीं थी। ऐसा उन्होंने अपनी पुस्तक 'सुखी परिवार, समृद्ध राष्ट्र' में आचार्य महाप्रज्ञ को अपने प्रारंभिक जीवन के विषय में बताते हुए लिखा है, "मैं समाचारों के बंडलों को सुबह उठकर रामेश्वरम्' में सबसे पहले बाँट देता था। यह सब मेरे माता-पिता और शिक्षकों ने श्रम की महत्ता के बारे में मुझे कितने परोक्ष रूप से बताया था।"

इसी प्रसंग में उन्होंने कहा था, "मेरे बड़े भाई ने मुझे डाँटकर कहा था कि मैं माँ के हिस्से की रोटी खा गया हूँ।" यह स्थिति थी इस महापुरुष के परिवार की। कहने का तात्पर्य है गरीबी के रास्ते पर उन्होंने भारत का विश्व में नाम रोशन किया। अरे नौजवानो! गरीबी का रोना छोड़कर अपने उद्देश्य को पाने के लिए चल पड़ो!

**9. आशीर्वाद**—भारतीय संस्कृति में आशीर्वाद को अत्यधिक महत्त्व दिया गया है। यह आंतरिक संचेतना की आवाज है, परमात्मा का स्वर है। हमें प्रातःकाल उठकर अपने माता-पिता, गुरुजनों तथा अपने से बड़ों का अभिवादन करना आवश्यक है, क्योंकि उनका आत्मिक आशीर्वाद हमारी जीवन यात्रा का संबल बनेगा। आशीष के आलोक में रास्ते का अंधकार और भय दूर हो जाएगा और हम सुगमता से अपनी मंजिल हासिल कर लेंगे।

दार्शनिक प्लेटो ने ठीक ही कहा था, "स्वास्थ्य, सौंदर्य, शक्ति, धन और संसार की सारी वस्तु गुरुजनों के आशीर्वाद से प्राप्त होती हैं।"

एक कहानी है। मार्कंडेय ऋषि के एक पुत्र का जन्म हुआ, सब खुश थे, लेकिन जब यह ज्ञात हुआ कि बालक अल्पायु है तो निराशा छा गई,

लेकिन जब उपनयन संस्कार हुआ तो पिता मार्कंडेय ने उससे कहा, "बेटा! हमेशा अपने से बड़ों का आदर करना, चरण स्पर्श करना।" उसने पिता की आज्ञा मानी, जो भी आश्रम में बड़ा आता, सबके पैर छूता।

एक दिन ऐसा हुआ कि सप्तऋषि आश्रम में आए। बालक ने उनके पैर छुए और सम्मान किया। ऋषियों ने आशीर्वाद दिया, 'चिरंजीवी भव।'

जब ऋषिकर्ता ब्रह्म ने सप्तऋषियों से पूछा तो उन्होंने उत्तर दिया कि बालक संस्कारित और अभिवादनशील है। इसलिए आशीर्वाद दिया है। आखिर ब्रह्म के बालक को चिरंजीवी होने का आशीष देना पड़ा। कहा गया है—

**अभिवादनशीलस्य नित्यवृद्धोपसेविनः।**
**चत्वारि तस्य वर्धन्ते आयु, विद्या, यशो, बलम्॥**

**10. घनिष्ट मित्रता**—जिस प्रकार से यात्रा पर जाने के लिए एक साथी की जरूरत होती है, उसी प्रकार जीवन की यात्रा जीवन संगिनी और सच्चे मित्र के साथ सरलता और सुगमता से चलती रहती है। सच्चे मित्र के बिना हमारा जीवन अधूरा है। जो व्यक्ति महान् पदों पर पहुँचे हैं, उनके जीवन में सच्चे मित्रों का महत्त्वपूर्ण योगदान रहा है। हमारे जीवन में कम-से-कम एक मित्र ऐसा होना चाहिए, जिसके साथ मिलकर हम अपने सुख और दुःखों को बाँट सकें और बिना किसी संकोच के अपने दिल के भावों को व्यक्त कर सकें।

सच्चा मित्र हमारे दुर्गुणों को छिपाता है और गुणों की समाज में चर्चा करता है। असत् मार्ग से सन्मार्ग पर ले जाता है। हमारे सत्कर्मों में उसकी भूमिका अहम होती है और हमारे लक्ष्यों की प्राप्ति में सहायक होता है। यूरीपिडिस का कहना है कि "जीवन में बुद्धिमान और विवेकशील मित्र से बढ़कर कोई सौभाग्य नहीं है।" क्योंकि सच्चा मित्र हमारे बुरे दिनों में साथ नहीं छोड़ता है। निराशावादी मित्र न बनाएँ, क्योंकि वह हमें अँधेरी दुनिया में ले जाएगा, सफलता की राह में असफलता के काँटे बोएगा।

हमारे ग्रंथों में कहा गया है "विपत्ति का नाश करने के लिए विद्वानों को अच्छे मित्र बनाने चाहिए। याद रहे जो मित्रों से रहित होता है, वह विपत्ति को सरलता से पार नहीं कर सकता।" यथा—

**आपन्नाशाय विबुधै कर्तव्याः सुहृदोऽमलाः।**
**न तस्यापदं, कश्चिओऽन्न मित्राविवर्जितः॥**

यहाँ फिलिफ सिडनी का कहना कितना सार्थक है, "दोस्तों के द्वारा ज़िंदगी सुरक्षित रहती है। वह हमें प्यार करते हैं और हम उन्हें प्यार करते हैं। यह संसार में हमारे अस्तित्व की महान् उपलब्धता है।" कनफ्यूशियस ने पवित्र, ईमानदार, सच्चे तथा दूरदर्शी मित्र की मित्रता की प्रशंसा की है।

**11. सचेत मानसिकता**—हमारे मानसिक विचारों का हमारे व्यक्तित्व पर गहरा प्रभाव पड़ता है। हम जैसा सोचते हैं, वैसा ही बन जाते हैं। हमारे विचारों का प्रभाव शरीर के प्रत्येक अंग पर पड़ता है तथा विचारों से ही हमारे चरित्र और व्यक्तित्व का निर्माण होता है। यदि हम बार-बार अपने आपको बीमार समझते रहेंगे तो निश्चित रूप से हम बीमार हो जाएँगे। यदि हमारे विचारों में विश्वास और ईश्वर में आस्था है तो असाध्य रोग भी ठीक हो जाएँगे। चार्ल्स फिलमार और उनकी पत्नी मार्टिल फिलमोर लोगों के असाध्य रोगों का इसी कारण इलाज करते रहे। चार्ल्स मानसिक विश्वास के बल पर 94 साल तक जीवित रहे। हमारे यहाँ कहा गया, "याहृशी भावना सिद्धिर्भवति ताहृशी।"

होम्योपैथी के जनक हैनीमैन का कथन कितना दर्शनीय है, "रोग मनोभावों से उत्पन्न होते हैं और मनोभावों से दूर होते हैं।" कहने का अर्थ है कि कष्टों और मुसीबतों को मुसकराते हुए सहन करते हुए दूर करें।

प्रत्येक व्यक्ति का चरित्र और व्यक्तित्व उसकी श्रद्धा और विश्वास पर निर्भर करता है। बाइबिल में आया है, "जो अपने मन में जैसा सोचता है, वह वैसा ही होता है।"

नॉर्मन विसेंट पील ने अपनी पुस्तक 'पॉजिटिव थिंकिंग' में इसी तथ्य पर बल दिया है कि ईश्वर के अलावा कार्य की निश्चित सफलता पर विश्वास करते हुए जिस कार्य में व्यक्ति हाथ डालेगा, उसमें सफलता मिलनी निश्चित है। 'फिलिपियंस' नामक पुस्तक में विचारों को सदा सकारात्मक रखने पर जोर दिया है। भारतीय संस्कृति में सामाजिक समरसता पर सर्वदा विचार किया गया है, "सभी सुखी हों, सभी निरोग हों, सभी कल्याण के भागी हों, कोई दुःख का भागी न बने।"

**सर्वे भवंतु सुखिनः, सर्वे संतु निरामया।**

**सर्वे भद्राणि पश्यन्तु, माँ कश्चिद् दुखमयभण्डा मषेत भवेत।**

**12. सेक्स प्रेरक शक्ति**—मानव की इच्छाओं में सेक्स की इच्छा अत्यंत शक्तिशाली होती है। गीता में कहा है, "मानव की इच्छाओं में मैं सर्वश्रेष्ठ काम हूँ।" इसके कारण कल्पना; साहस, प्रबल इच्छाशक्ति, लगन, दृढता, निष्ठा और रचनात्मक योग्यता विकसित होती है। सेक्स की संतुष्टि के लिए स्त्री और पुरुष अपने जीवन और प्रतिष्ठा को दाँव पर लगा देते हैं, यहाँ तक कि मौत को वरण कर लेते हैं। यदि मनुष्य इस प्रेरक शक्ति को साहित्य, कला, विज्ञान या किसी व्यवसाय में लगा देता है तो वह अपनी प्रतिभा से महान् सफलता हासिल करता है। सेक्स का प्रतिभा में रूपांतरण हो जाता है। दार्शनिक सी. सिमोन्स ने कहा है, "एक व्यक्ति सेक्स से घृणा करता है या उसका तिरस्कार करता है, विपरीत सेक्स का, उसे इनसान होने की जरूरत है, ईश्वर ने स्त्री-पुरुष को साथ रहने के लिए बनाया है, मनुष्य को उससे अलग-थलग रहना अनुचित है। उनके प्रिय और बुद्धिमानी पूर्ण मिलन से स्वास्थ्य, कर्तव्य और सुख तथा सफलता मिलती है।"

नारी प्रेरणा-स्रोत नेपोलियन बोनापार्ट ने अपनी पहली पत्नी जोसेफाइन की प्रेरणा से साम्राज्य की स्थापना की, किंतु उससे अलग होने पर उसका पतन हुआ। ऐसे महान् पुरुष हुए है, जिनके पीछे किसी

स्त्री की प्रेरणा थी। इतिहास में उनके नाम उल्लेखनीय हैं। जैसे वाशिंगटन, वुडरो विल्सन, जेफरसन, शेक्सपियर, इमरसन, कालिदास आदि। यहाँ उनका वर्णन संभव नहीं है।

अतः हमें अपनी कामेच्छा को प्रतिभा में रूपांतरण करके एकाग्र भाव से मंजिल की ओर बढ़ना चाहिए।

**13. सफलता का सुनिश्चित फार्मूला**—संसार में प्रत्येक व्यक्ति सफलता प्राप्त करना चाहता है, लेकिन कामयाबी हासिल करने का कोई निश्चित फॉर्मूला नहीं है। सफलता की मंजिल तक मुश्किल और परेशानियों की टेढ़ी-मेढ़ी कँटीली राहों से गुजरना पड़ता है। ज़िंदगी में पढ़ना-लिखना और कॅरियर की समस्या हर नौजवान के सामने खड़ी है। जहाँ तक पढ़ने का सवाल है, एडमीशन लेने के बाद रैगूलर क्लास में जाना और कोर्स का रिवीजन करना आवश्यक है अन्यथा वैश्विक प्रतियोगिता और प्रतिस्पर्धा के युग में सफलता प्राप्त करना सहज कार्य नहीं है। जो लोग क्लास की पढ़ाई जमकर करते है और कोर्स को बार-बार दुहराते हैं, वे प्रत्येक प्रश्न का उत्तर देने में समर्थ होते है, यहाँ तक कि वही लोग जीवन की दौड़ में सबसे आगे निकल जाते हैं। आपको यह जानकर आश्चर्य होगा कि कुछ लोग एकसी ही योग्यता रखने वाले सफलता के शिखर पर पहुँच जाते हैं और कुछ ऐसे होते हैं जो एक ही जगह पड़े रहकर कुढ़ते रहते हैं। निराशा के अँधेरे में खो जाते हैं। जीवन की राह में चार बातों पर ध्यान देना अनिवार्य है—1. सही रास्ते पर चलना 2. सुनिश्चित उद्देश्य 3. दृढ निश्चय 4. लक्ष्य के प्रति समर्पण। हमें हानि-लाभ की, सफलता-असफलता की और सुख-दुःख की चिंता छोड़कर, लालच-प्रलोभन त्याग कर, और इधर-उधर न देखकर अपनी मंजिल की ओर बढ़ना ही परमावश्यक है।

**14. अपव्ययता-फिजूल खर्ची**—करने वाला व्यक्ति जीवन में सफल नहीं हो सकता और इसका प्रमुख कारण है कि वह गरीबी के डर

में जीता है। निर्धन व्यक्ति का समाज में कोई महत्त्व नहीं होता। अधिक खर्च करने वाले गरीबी का अभिशाप जीवन भर ढोते हैं। शेख सादी का कहना था, जो व्यक्ति दिनदहाड़े कपूर की बत्तियाँ जलाता है, उसके घर में दीया जलाने को तेल नहीं रहता। नियोजित रूप से बचत करके जीवन को सुखी और सफल बनाएँ। दार्शनिक कनफ्यूशियस का कहना है कि "अपव्ययता उस मार्ग तक ले जाती है कि जो व्यक्ति बचत नहीं करेगा, उसे ज़िंदगी में कष्ट भोगना पड़ेगा।"

सफलता के इच्छुक व्यक्ति को मितव्ययी होना आवश्यक है, क्योंकि मितव्ययिता मनुष्य को धनी बनाती है, सफलता का द्वार खोलती है।

अत: मितव्ययिता सफलता की एक सुनहरी कुंजी है।

**15. पुरुषार्थी जीवन**—पुरुषार्थी व्यक्ति अपनी ज़िंदगी में कभी असफल नहीं होता, चाहे जीवन में कितनी परेशानियाँ क्यों न आए। वह अपनी महत्त्वाकांक्षाओं के साथ अपने सपनों को साकार करने के लिए सदैव तत्पर रहता है। श्रद्धा और निष्ठा-पूर्वक पुरुषार्थ करने से तत्पर पुरुष का कार्य कभी सिद्ध हुए बिना नहीं रहता। हमारे शास्त्रों में कहा गया है—

**श्रद्धया पौरुष परो न विहन्यते।**
**दृढ़ पौरुषमाश्रित्य स प्राप्यते यथा फलम्॥**

इसी बात को अंग्रेज लेखक डॉइडन ने अपने शब्दों में व्यक्त किया है, "यह कितना श्रेष्ठ प्रयास कि निष्ठा और पुरुषार्थ मिलकर सफलता प्रदान करते हैं।" यहाँ ऊर्जावान पुरुषार्थी का उदाहरण दृष्टव्य है।

ऑस्ट्रेलिया के निक बूजिसिस को जनम से ही दोनों बाँहें नहीं मिली थीं। उनके शरीर में केवल धड़ ही धड़ था। प्रकृति का अद्‌भुत अभिशाप था। उन्होंने मुश्किलों और परेशानियों के बाद भी हार न मानकर ईश्वर के प्रति कोई शिकायत नहीं जताई। उन्होंने यह कभी नहीं कहा कि ईश्वर ने ऐसा दु:खी जीवन क्यों दिया। उन्होंने आत्मविश्वास, साहस

और ईश्वर में आस्था के बल पर केवल पंजे की दो उँगलियों से लिखना सीखा और कंप्यूटर चलाना भी सीख लिया। उन्होंने इक्कीस साल की उम्र में एकाउंटिग और फाइनेंस में डिग्री हासिल की। उन्होंने ऐसा अद्‌भुत कार्य किया कि एशिया, अफ्रीका, ऑस्ट्रेलिया, उत्तरी अमेरिका के 12 देशों में लाखों लोगों में आत्मविश्वास और पुरुषार्थ का भाव जगाया। उन्होंने दो किताबें लिखी हैं, 'लाइफ विदाउट लिंबस' और 'नो आर्म्स नो लिंबस'।''

निकबूजिसिस ने लिखा है, ''यदि मैं मर जाऊँ तो दुनिया पर कोई फर्क नहीं पड़ेगा। अगर कुछ करके जीवित रहा तो मेरी मुसकान लोगों को जीने की प्रेरणा देगी यही एक बात मुझे यहाँ ले आई है, जहाँ मैं हताश लोगों के काम कर पाता हूँ।'' उनका कहना है कि जीवन में उद्‌देश्य हो, उसे करने का जुनून हो तथा ईश्वर में विश्वास हो तो मनुष्य क्या नहीं कर सकता। उन्होंने यह सिद्ध कर दिया—

**हाथ की लकीरों पर कभी भरोसा मत करना दोस्तो,**
**तकदीर तो उनकी भी होती है, जिनके हाथ नहीं होते।**

अरे नौजवानो! तुम्हें ऊपरवाले ने स्वस्थ शरीर, दिल और दिमाग और सब कुछ दिया है, उठो और अपने उद्‌देश्य की ओर चल पड़ो, राह के शूल, फूल बन जाएँगे। सफलता तुम्हारी बाट जोह रही है।

अभी हाल की खबर है कि दृढ़ इच्छाशक्ति मेहनत और हौसले से विपरीत परिस्थितियों में भी पंजाब की पटियाला की कुलविंदर कौर ने अपनी जीत का परचम लहराया है। उसने पंजाब की पी.सी.एस. की जुडीशियल सर्विसेज की परीक्षा उत्तीर्ण की है।

कुलविंदर की कहानी ने उन विकलांग युवक और युवतियों तथा अन्य नौजवानों को संदेश दिया है, जो हारकर बैठ गए हैं और भाग्य और परिस्थितियों को कोसते रहते हैं।

कुलविंदर के पिता करनैलसिंह एक छोटे से किसान हैं और उसकी

माता लखबीर कौर एक साधारण गृहिणी है। उसके दो भाई हैं—तरसेसिंह और गुरसेवक सिंह। एक गाँव में फार्मेसिस्ट है, दूसरा इटली में सैटल हो चुका है। कुलविंदर ने गाँव के स्कूल से ही हाईस्कूल की परीक्षा उत्तीर्ण की थी। उसके बाद, पब्लिक गर्ल्स कालेज से ग्रेजुएशन किया तथा पंजाब की पटियाला यूनिवर्सिटी से एल.एल.बी. की पढ़ाई की।

आपको आश्चर्य होगा कि कुलविंदर के 1997 में कुट्टी की मशीन से दोनों हाथ कट गए थे, तब वह छठवीं कक्षा में पढ़ती थी। उस समय ऐसा लगा कि सारा जीवन समाप्त हो गया, लेकिन परिवार वालों ने हौंसला बढ़ाया, वे अपने हाथ से खाना खिलाते थे। उसके माता-पिता ने उसके जख्मों पर प्यार का मरहम लगाया। उसकी जगह पर लड़के ने लिखा और वह कक्षा पास हो गई। कुलविंदर का कहना है कि उसे पढ़ने का बहुत शौक था।

उसकी माँ ने बाजू में पेंसिल बाँध दी थी। उससे लिखने का धीरे-धीरे अभ्यास हो गया। उसका मनोबल बढ़ गया। उसने कई परीक्षाएँ पास कीं। अब वह विकलांग लड़की न्यायाधीश का पद सँभालेगी। वह स्वस्थ समाज के निर्माण का प्रयास करेगी तथा पंजाब में शराब पीने वालों के साथ सख्ती से पेश आएगी, क्योंकि नशेबाज समाज के सबसे दुश्मन हैं। कुलविंदर अपनी सफलता का श्रेय अपने माता-पिता को देती है। वह अन्य लड़कियों व लड़कों को बता देना चाहती है कि इस संसार कुछ पाना कठिन नहीं है।

□

*अध्याय-7*

# उपसंहार

> *'वैतनिक हो या अवैतनिक, प्रत्येक घंटे काम करते रहो, तुम सिर्फ अपना काम देखो, तुम फल से वंचित नहीं रह सकते। चाहे तुम्हारा काम सुंदर हो अथवा भद्दा, फसल बोना या महाकाव्य लिखना, इसलिए केवल अपनी इच्छा के अनुसार अपना काम ईमानदारी से करते रहो, यह तुम्हारे भावों और विचारों को फल प्रदान करेगा। किसी कार्य का फल तो किए गए कर्म पर ही निर्भर करता है।''*
>
> ***-इमरसन***

प्रसिद्ध लेखक इमरसन स्पष्ट कहता है कि मनुष्य को प्रतिक्षण काम करते रहना चाहिए, चाहे वह छोटा हो या बड़ा, सो भी फल की आशा छोड़कर। कर्म का फल तो सुनिश्चित है। गीता में भगवान् कृष्ण ने कहा है—

**कर्मण्येवाधिकारस्ते, मा फलेषु कदाचन।**

अर्थात् आपको कर्म करने का अधिकार है, फल प्राप्ति का नहीं। अतः फल की आकांक्षा लेकर कर्म करना सार्थक नहीं है। संसार तो कर्म भूमि है। यहाँ बिना किए कुछ नहीं होता। हाँ इतना जरूर है कि शुभ कर्म करने का सुख मिलता है और अशुभ कर्म से दुःख! यह समग्र विराट् कर्म निरत

है। प्रकृति क्रियाशील है। धरती के घूमने से दिन-रात होते हैं। सूर्य समय का पाबंद है। वह अपना काम कभी बंद नहीं करता है। नदियों का बहना, चाँद का चमकना, समुद्र का बादलों को जन्म देना क्या रुका है? भगवान् कृष्ण ने कहा था कि मैं हर क्षण कर्म करता रहता हूँ, यदि मैं एक क्षण भी काम करना बंद कर दूँ, तो समग्र विराट् नष्ट हो जाएगा।

प्रत्येक मनुष्य को सदैव काम करते रहना चाहिए, फल तो अनिवार्यत: मिलना ही है। दार्शनिक सोफोक्लीज ने कहा था, "जो व्यक्ति काम नहीं करता, ईश्वर उसकी मदद कभी नहीं करेगा।" याद रहे ईश्वर की कृपा के बिना मनुष्य अपने जीवन में सफलता प्राप्त नहीं कर सकता। बिना कर्म के सुख कहाँ? सुख तो कर्म में निहित है। ईश्वर ने हमें शक्ति कार्य करने के लिए दी है ताकि हम अपने क्रियाशील जीवन में आवश्यक कर्तव्यों को सतर्कता से पूरा करें। कवि शेक्सपियर ने कहा है, "जितने आप अपने विचारों में श्रेष्ठ हो, उतने ही अपने कर्म में महान् बनो। तुम्हारी करनी और कथनी में भेद न हो।"

**1. कार्य शुरू करना**—किसी मंजिल तक पहुँचने के लिए यात्रा शुरू करो, जीवन को सुखद और सफल बनाने के लिए आगे कदम तो बढ़ाओ। बिना चले कैसे पहुँचोगे? कुछ लोग समाज में ऐसे होते हैं, जो कार्य को प्रारंभ इसलिए नहीं करते कि कार्य करने में अनेक बाधाएँ, मुसीबतें तथा अड़चनें आएँगी। ऐसे काल्पनिक भय और चिंताओं के कारण सदैव ज़िंदगी में कष्ट झेलते रहते हैं।

कुछ ऐसे लोग हैं, जो कार्य प्रारंभ करके मध्य में छोड़ देते हैं, कहते हैं कि झंझट में क्या रखा है, लेकिन उत्तम प्रकृति के लोग हार-जीत की चिंतन करके कार्य को संपन्न करके ही हटते है। पप्पू एक नौजवान है, नौकरी के लिए भटक रहा है। मैंने उसे कुछ धंधा करने की सलाह दी, किंतु उसने सभी कार्यों में झंझट और बाधाएँ गिनाईं। वह नकारात्मक विचारों के अँधेरे में जी रहा है, दु:खी और गरीब होकर, दूसरी ओर मेरे गाँव का

लड़का भागकर दिल्ली में जाकर सब्जी बेचने लगा। उसने बच्चों को उच्च शिक्षा दिलाई है। वह सुख की ज़िंदगी जी रहा है।

आजकल नकल करके शिक्षा प्राप्त नौजवानों की भीड़ नौकरी की तलाश में घूम रही है, उनमें कोई कार्य करने का साहस नहीं है। छोटा काम करने में अपमान समझते हैं, ये लोग जीवन भर माँ-बाप पर बोझ बने रहते हैं। उनका कहना है कि हमारे पास कोई साधन नहीं, कैसे कार्य करें।

किसी शायर ने सार्थक संदेश दिया है—

**भीगे हुए परों से परवाज़ करके देख।**
**अंजाम उसके हाथ हैं आगाज करके देख॥**

इसलिए ईश्वर पर विश्वास करते हुए काम प्रारंभ करें, दरवाजा खटखटाओ तुम्हारे लिए खुलेगा। जीवन भर का संघर्ष सामने आएगा, तुम्हे सफलता मिलेगी।

**2. आकांक्षा**—मानव जीवन एक शाश्वत लालसा है। हमारी इच्छाएँ हमारी वृद्धि को जाग्रत् करती हैं। कहते हैं, जहाँ चाह है, वहाँ राह है। लेखक स्पेंसर का कथन है, ''सैकड़ों लोग अपनी आवश्यकताओं और लालसाओं को कभी नहीं समझ पाते, वे अपनी ज़िंदगी बर्बाद करते रहते हैं।'' सफलता तो मनुष्य की इच्छा से प्रारंभ होती है। यह तो पूर्णत: हमारी मानसिक स्थिति पर निर्भर है। यदि हम सोचते हैं कि हम हार जाएँगे तो निश्चित रूप से हम हार जाएँगे। अगर हमारी हार्दिक अभिलाषा है कि हम जीतेंगे और सफलता प्राप्त करेंगे तो सफलता हमारे पहलू में आकर रहेगी।

परमात्मा तो मनुष्य को सबकुछ देना चाहता है, लेकिन उसे उतना ही मिलेगा, जितना वह चाहता है। किसी ने ठीक ही कहा है—

**ज़िंदगी एक न्याय प्रिय मालिक है।**
**यह आपको उतना ही देती है, जितना आप माँगते हैं।**
**लेकिन एक बार आप अपनी मजदूरी तय कर लेते हैं।**
**तो फिर आपको उतने पर ही काम करना पड़ेगा॥**

इससे सिद्ध है कि आप जितना चाहेंगे, उतना ही मिलेगा।

हमारी इच्छित वस्तु हमारे जीवन को उपयोगी बनाएगी। आप अपने को समझो, प्यार चाहते हैं तो दूसरों को प्यार करें तभी आप सुखी होंगे। दुनिया के लिए लाभप्रद होंगे तथा परमार्थ की भावना और इच्छा से जीवन में सफल होंगे।

**3. ज्ञान अर्जित करना**—मनुष्य के जीवन में कुछ सीखने, पढ़ने और कुछ कर गुजरने का सिलसिला प्रथम साँस से लेकर अंतिम साँस तक चलता रहता है। इंसान पालने से लेकर कब्र तक सीखने की प्रक्रिया से गुजरता है। कुछ लोग कुछ सीखने की उपेक्षा करते हैं और सोचते है कि हम सबकुछ जानते हैं। ऐसे लोग जीवन की राह में पिछड़ जाते हैं। अंधकार से प्रकाश की ओर ले जाना सीखने के द्वारा संभव है।

यदि आप जीवन में सफल होना चाहते हैं तो महापुरुषों की जीवनियों से ज्ञान हासिल करें। दुनिया में तीन प्रकार के लोग हैं। पहले वे, जो अपने अनुभवों से सीखते हैं। वे बुद्धिमान होते हैं। दूसरे प्रकार के लोग दूसरों के अनुभवों से सीखते हैं। वे सुखी होते हैं। तीसरी तरह के लोग मूर्ख होते हैं। जो कुछ सीखना ही नहीं चाहते। वे ज़िंदगी में कभी सफल नहीं हो सकते। ज्ञान ही ऐसा साधन है जो मनुष्य को विवेकशील, सचेष्ट, सजग, परिश्रमी, विश्वस्त और सतर्क बनाता है,जो सफलता की राह का दीप है। सिसरो ने ठीक ही कहा है, "ज्ञान नौजवानों को संयमी और परिश्रमी बनाता है और सफलता का मार्ग प्रशंस्त करता है।" हमारी संस्कृति का यह संदेश है विद्यायाऽमृतमश्नुते"। विद्या अमरता की ओर ले जाती है और गुलामी से मुक्त करती है—"सा विद्या या विमुक्तये।"

**4. आज्ञा पालन**—सच आज्ञापालन से श्रेष्ठ और पवित्र कोई सिद्धांत नहीं है, ऐसा एच. गाइल्स का कहना है। आज्ञापालन माता-पिता, गुरु और अपनों से बड़ों के सम्मान का प्रतीक है, क्योंकि इन सबका अनुभव हमारे लिए कल्याणकारी होता है। राम और लक्ष्मण सदैव माता-पिता और

गुरु की आज्ञा पाकर ही जाते थे। जो शिष्य अपने गुरु की आज्ञा का पालन कराता है, वह संसार का सारा वैभव प्राप्त करता है। ग्रीक दार्शनिक एक्वीनस ने स्पष्ट कहा है—

**आज्ञापालन सफलता की जननी है,**
**जो सुरक्षा प्रदान करती है।**

अत: हमें बड़ों की आज्ञा का पालन अत्यावश्यक है। महाकवि तुलसीदास ने ठीक ही कहा है—

**जे गुरु चरण रेणु सिर धरहीं।**
**सकल विभव अपने वश करहीं।**

**5. प्रेम करना**—प्रेम और स्नेह जीवन का नवनीत है, ह्रदय का मरहम है और है आत्मा का दिव्य आनंद। प्रेम की भावना से शांति और सुख के फूल खिलते हैं। जिससे सारा समाज महक उठता है। हमें ईश्वर के प्रति प्रेम करना आवश्यक है, क्योंकि प्रेम ईश्वर और ईश्वर ही प्रेम है। यदि हम जीवन में सफलता प्राप्त करना चाहते हैं तो हमें ईश्वर की समस्त सृष्टि के साथ अपने पड़ोसी, पत्नी और रिश्तेदारों, यहाँ तक कि अपने विरोधी शत्रुओं से भी हार्दिक प्रेम करना चाहिए, क्योंकि किसी ने कहा है—

**है प्रेम जगत का सार और कुछ सार नहीं।**

**6. आशा और उम्मीद**—आशा जीवन का सर्वोत्तम उजाला है, जो हमारी जीवन यात्रा की राह को आनंदमय बना देता है। कविवर गोल्डस्मिथ ने कहा है,

**आशा नन्हे दीप की तरह है**
**जो हमारी राह को आनंदित करता है।**

हमारे वेदों में इसी बात को हमारे महर्षियों ने हजारों साल पहले कहा था—

**आशा सर्वोत्तम ज्योतिः।**

अतः मनुष्य को आशा और उम्मीद का दीप लेकर जीवन की राह में चलना चाहिए। आशा और विश्वास के बल पर हम जीवन में सफलता प्राप्त कर सकते हैं।

**7. अनुसंधान की भावना**—जीवन में महान् सफलता प्राप्त करने के लिए अनुसंधान की भावना परमावश्यक है। हमें समुद्रतल से लेकर क्षितिज के पार अंतरिक्ष के रहस्यों को समझने का प्रयास करना चाहिए। न्यूटन, ऐडिसन, आइंस्टीन आदि भाव से प्रेरित होकर महान् आविष्कार कर सके। हमें सत्य के लिए, ज्ञान के लिए, प्रसन्नता, सुख, बुद्धिमत्ता और शांति को खोज में सर्वदा सचेष्ट रहना चाहिए।

**8. कष्ट और संकट**—हमारा जन्म ही कष्ट में हुआ है, अतः जीवन में कष्ट और संकट आना स्वाभाविक है। संकटों, मुसीबतों और दुखों में जीवन में निखार आता है। इसलिए उससे डरने की आवश्यकता नहीं है। हमारे दैनिक जीवन में प्रिय जन की मौत, बीमारी, दुःख-दर्द और चिंताएँ आती रहती हैं, ऐसी परिस्थिति का ईश्वर में विश्वास रखकर धैर्य और साहस से सामना करें, सफलता की राह कष्टों और तूफानों से ही गुजरती है। उसके आगे हार नहीं माननी चाहिए—

**मन के हारे हार है, मन के जीते जीत**

**9. परिणाम की प्रतीक्षा**—जब हम कोई काम करते हैं तो उसके परिणाम के लिए व्याकुल होकर इंतजार करते हैं। किसी कार्य का परिणाम तो धीरे-धीरे अपने समय के अनुसार ही प्राप्त होगा। भला हथेली पर सरसों कैसे उगाई जाएगी? बीज बोने पर तत्काल फल कैसे आ जाएगा? किसान को फसल की प्रतीक्षा करनी पड़ती है। कविवर विद्यापति ने कहा है—

**समय पाय तरुवर फले,**
**कतवो सींचो नीर॥**

सफलता की राह में धीरे-धीरे धैर्य के साथ चलना पड़ता है, तभी

सफलता मिलती है। दशरथ माँझी का धैर्य और साहस नौजवानों के लिए प्रेरणास्पद है। उस अकेले व्यक्ति ने 22 सालों तक महज हथौड़े, छेनी और फावड़े की मदद से पहाड़ का सीना चाक किया। पक्की सड़क बनाई और अपने गाँव से शहर की दूरी 40 किलोमीटर कम कर दी। तब हम क्या नहीं कर सकते?

**10. क्षमाशीलता**—मनुष्य के हृदय में नैसर्गिक रूप से क्षमा का भाव निहित है। पोप का कहना है, "गलती करना मानवीय है और क्षमा करना ईश्वरीय।" क्षमा करना गरिमापूर्ण विजय है अत: सफलता की राह के पथिक को अपने गलती या अपराध करने वाले साथियों, परिवारीजनों, रिश्तेदारों और विरोधियों को क्षमा करते हुए अपनी धुन में मस्त होकर अपनी मंजिल की ओर बढ़ना चहिए। हम सभी लोगों के स्वार्थ, उपेक्षा, घृणा आदि छोटे-मोटे अपराधों को क्षमा करके अनावश्यक कष्ट से मुक्त होकर आगे बढ़े।

**11. अंतश्चेतना**—यह हमारे अंत:करण की वृत्ति है, ईश्वर की इच्छा है। हमें अपने अंत:करण की आवाज के अनुकूल कार्य करना ही सफलता के मार्ग का दिशाबोध करेगा। इसीलिए सब कुछ मिलाकर सर्वोत्तम कार्य करें।

**12. विराम**—रात हुई अँधेरे ने अपनी चादर फैला दी। मजदूर ने अपने कार्य करने के औजार डाल दिए और दिनभर के अच्छे कार्य के बाद आराम करने चल दिया। ठीक उसी प्रकार अपनी मंजिल पर पहुँचकर अमर नींद में सो जाना है। हमारे स्मारक पर लिखा हो, "सुंदर ढंग से जिया।"

इसके अतिरिक्त अपने जीवन को समझना अनिवार्य है। एक समुचित जीवन, दर्शन जीवन की समुचित योजना में निहित है। जो किसी कार्य को करने का दिशाबोध कराता है। मनोवैज्ञानिक डब्लू एच. फिलिप्स का कथन है, "ऐसा जीवन दर्शन एक किताब पढ़ने, एक भाषण सुनने से

नहीं आता। यह तो गंभीर विचार और अध्ययन का विषय है। यह तो हमारे अर्थपूर्ण जीवन के उद्‌देश्य को सृजित करके हमारे प्रेक्टिकल जीवन के प्लान का नक्शा बनाता है।''

सफलता के मार्ग में प्रेक्टिकल योजना के अनुसार ही आगे बढ़ना चाहिए, सैद्धांतिक नियमों के आधार पर नहीं। हमारा विवेकपूर्ण निर्णय ही हमारी सफलता का संबल होगा।

यहाँ हम बेन ऐबट की पुस्तक, 'यू कैन लिव सक्सेसफुली इन योर लाइफटाइम' के जीवन के प्रतिदिन में सफल और प्रेक्टिकल अनुभव दिए गए अनुभव तरीकों को प्रस्तुत कर रहे हैं—

1. अपनी समस्या को संक्षेप में स्पष्ट और सुनिश्चित ढंग से व्यक्त करें, भ्रम पूर्ण तर्क या दलील असावधानी के कथनों के कारण होते हैं।
2. सारे तथ्यों को प्राप्त करें, किसी सूचना को जानने में किसी प्रकार की कमी न करें।
3. सारे तथ्यों और सवालों को विधिक रूप में विभाजित और व्यवस्थित करें। व्यर्थ की बातों को छोड़ें और समुचित मूल्यों का आकलन करें।
4. तथ्यों और सवालों को समझें और तौलें। प्रत्येक के गुणों और एक-दूसरे के संबंधों पर शांत और पूर्वाग्रहरहित होकर विचार करें। बहुत से मिथ्या निष्कर्ष पर पहुँचते है, क्योंकि उनका सही परीक्षण नहीं किया गया।
5. अस्थायी समाधान निश्चित करें, एक सवाल के कई हल हो सकते हैं, लेकिन उनमें से सर्वोतम पर विचार करें।
6. अस्थायी समाधान का संशोधन करें और पहले हल की सामान्य गलती पर ध्यान दें।
7. बिना किसी देरी के शीघ्र ही कार्य करें। देर करना बुद्धिमानी हो

सकती है, किंतु यह अक्सर निरर्थक होती है।

यहाँ डेविड सारनाफ के सुझाव भी सुखी और सफल जीवन के लिए प्रस्तुत हैं संक्षेप में—

1. परिस्थितियों के अनुकूल अपने आपको बना लो, लेकिन अपना चरित्र और उद्‌देश्य मत छोड़ो।
2. स्पष्टवादी बनो, लेकिन मुँहफट न बनो,
3. उत्साही बनो, लेकिन विरोधी न बनो।
4. कठिन परिश्रम करो, लेकिन लगातार करते रहो।
5. किसी एक विषय के विशेषज्ञ बनो, लेकिन अपने आपको संकीर्ण न बनाओ।
6. अभिव्यक्ति की शक्ति बढ़ाओ, लिखने और बोलने की, लेकिन शब्दाडंबरी न बनो।
7. मनुष्य जाति में आस्था रखो, आत्मविश्वास रखो, किसी को धोखा न दो।
8. अपने व्यवसाय में उदार बनो। किसी का अनादर न करो।
9. कल्पना करो, आगे का प्लान बनाओ, अपने कार्य को प्यार करो, अपने उत्तम संतोष से।

इन सुझावों के अतिरिक्त हमें अध्ययन करना चाहिए, जिससे हमारी कल्पना शक्ति और रचनात्मकता विकसित होती है और ज्ञान की वृद्धि होती है, जो हमारे जीवन मार्ग को प्रशस्त करता है। इसके लिए पुस्तकों से प्रेम अनिवार्य है।

**पुस्तकों से प्रेम**—दार्शनिक तथा इतिहासकार गिबन ने कहा था, ''पुस्तकें वफादार दर्पण हैं जिनमें बहादुरों और संतों के दिमाग हमारे दिमागों में प्रतिबिंबित होते हैं।''

इसका आशय है कि उन महापुरुषों के विचार हमारे ज़ीवन को प्रेरित करते हैं और सफलता के मार्गदर्शक होते हैं। समय के महासागर में पुस्तकें

प्रकाश स्तंभ का कार्य करती हैं। पुस्तकें ऐसी दोस्त हैं, जो जवानों को राह दिखाती हैं ताकि दुनिया में भटक न जाएँ और उद्‌देश्य को न भूल जाएँ। वास्तव में पुस्तकें प्रकाश गृह है, जो हमारे परिवारों, स्कूलों, कॉलेजों को सदैव प्रकाश देती रहती हैं। हमारे हृदय को शिक्षित करती हैं, दिमाग को विकसित करती हैं और चरित्र को उन्नत और पवित्र करती हैं, जीवन जीने का हौसला बढ़ाती हैं ज्ञान की दाता हैं, भाग्य की विधाता हैं और हैं ईश्वर की भाव-मूर्तियाँ, अमृत से धुली। मिस्त्र के एक राजा ने अपने पुस्तकालय पर लिखवाया था, "पुस्तक आत्मा की ओषधि है।"

सभी महान् राजनेताओं ने अपने व्यस्त जीवन में पढ़ने के लिए समय निकाला था जैसे अब्राहम लिंकन, वुडरो विलसन, वाशिंगटन, गांधीजी, जवाहरलाल नेहरू तथा डॉ. राजेंद्र प्रसाद आदि। पुस्तकों का महत्त्व बताते हुए किसने कहा था—

**पुस्तकें हमारी मित्र हैं जो**
**मार्ग दिखाती हैं दूरगामी पथ पर।**
**छायादार तिमिर होकर**
**ले जाती हैं पर्वतों की चोटी पर॥**

अत: दिमाग के विकास और पुष्टता के लिए पुस्तकों का पढ़ना और समझना आवश्यक है। इस रूप में अध्ययन करें।

1. व्यवस्थित रूप से धीरे-धीरे समझकर पढ़ें।
2. दिमाग की सारी शक्ति अध्ययन में केंद्रित करें।
3. पढ़कर अर्थ और आशय समझें।
4. दिमाग को खुला रखें, पढ़ें और सोचें और विश्वास करें।
5. जब पढ़ें, तब उसके नोट्स बनाएँ।

जीवन में सफलता, सुख और आनंद तथा दुनिया को समझने की क्षमता, व्यावसायिक प्रबंधन, सब कुछ पुस्तकों के ज्ञान ही संभव है।

सवाल है कि कैसी पुस्तकें पढ़ें इसके बारे में कार्लाइल ने लिखा है,

"ऐसा प्रयत्न करें जैसी आपके जॉब और कॅरियर की माँग हो तथा जीवन में कुछ करने की प्रेरणा दे सके। दिमाग को अनुशसित करें, संयम और लगन तथा ईश्वर में विकसित करें, जिससे हम सफलता की राह में निर्भय हो कर बढ़ें।

आज की दुनिया में पुस्तकें हर जगह उपलब्ध हैं। पुस्तकालयों, घरों, स्कूलों एयरपोर्ट तथा रेलवे स्टेशनों पर। पिकनिक में पुस्तक लेकर जाएँ, पहाड़ों पर, तीर्थ, स्थानों, अस्पतालों, यहाँ तक कि जेलों में भी। दार्शनिक प्लैनी का कहना है—

ज्यादा मत करो, लेकिन अच्छी तरह करो। पढ़ो, लेकिन भली-भाँति पढ़ो। कुछ सुझाव यहाँ प्रस्तुत हैं—

1. शांतिपूर्ण अध्ययन में कई शब्द एक ही नजर में देखें।
2. जल्दी पढ़ने की आदत डालें।
3. रक्षक विचारों को कई पृष्ठों में से छाँटे।
4. शांतिपूर्ण ढंग से पढ़ें। ओंठों का प्रयोग न करें अर्थात् बोलें न।
5. अध्ययन में विभिन्न प्रकार के विचारों में सामंजस्य बिठाएँ।
6. जो कुछ आपने पढ़ा है, उसे दुबारा देखने की जरूरत न पड़े।
7. जल्दी पढ़ने का नियम बनाएँ और विश्वासपूर्वक उसका पालन करें।

कुछ सुझाव लिडिया रॉबर्ट ने बोस्टम ग्लोब में दिए हैं पढ़ने के लिए समय निकालने के लिए—

1. बातचीत कम करो।
2. अपने बैडरूप में एक किताब ले जाओ।
3. अपने तकिये के नीचे पुस्तक रखें। नींद न आए, तब तक पढ़ो।
4. सुबह 15 मिनट जल्दी उठो और पढ़ो।
5. पुस्तक किचन में रखो। ड्रेसिंग रूम में रखो, थोड़ा पढ़ो।
6. किसी से मिलने जाओ तो जब तक वह न मिले, तब तक पढ़ो।

7. जब आप दाँत वाले, डॉक्टर या वकील से मिलने जाएँ, पुस्तक लेकर जाएँ।
8. अमेरिकी विश्वविद्यालय के प्रोफेसरों ने अध्ययन को एक व्यायाम सिद्ध किया है। इससे मस्तिष्क की कोशिकाएँ सक्रिय रहती हैं। डॉक्टर मौजेस के अनुसार—"सक्रिय बने रहने से बुढ़ापा जल्दी नहीं आता। इस से रक्तकोशिकाओं के सख्त होने की प्रक्रिया धीमी हो जाती है। अध्ययन बुर्जुर्गों के लिए चमत्कारी ओषधि है। कैलीफोर्निया के मनोचिकित्सक जेम्पस ईवायर के विचार में अध्ययन एक व्यायाम है। यह शरीर और मन को स्वस्थ रखता है।
9. बिना पढ़ी पुस्तक पास रखें, कार में कहीं जाएँ, रास्ते में फँसे हैं या कार की रिपेयर करा रहे हैं। पुस्तक पढ़ें।
10. यात्रा पर बिना पुस्तक के न जाएँ।
11. हाथ में रखी पुस्तक बैग में रखी पुस्तकों से बढ़कर है। पुस्तकें हमारे अकेलेपन में आराम देती हैं। लेखक जैरमी कोलियर ने कहा है, "पुस्तकें आनंददायक होती हैं। ये एकांत में साथ देती हैं। चिंता और निराशा में शांति प्रदान करती हैं।

आजकल हम एक चिताग्रस्त और एकांत दुनिया में रह रहे हैं। चिंता, निराशा और तनाव में जी रहे हैं। इससे मुक्ति सिर्फ पुस्तकों द्वारा संभव है, क्योंकि पुस्तकें आनंद का स्रोत हैं, आत्मा की ओषधि हैं। ये हमारी प्रसन्नता की पूँजी हैं, थकान, एकांत, अवसाद में नई शक्ति, स्फूर्ति का संचार करती हैं। प्रेरणादायक तथा सफलता की दिशासूचक हैं। सच में पुस्तकें अमृतकोश हैं।

**मित्रता और सफलता**—हमारे ग्रंथों में आया है कि प्रियवादिनी पत्नी, सच्चा मित्र और आज्ञाकारी पुत्र; इस धरती पर भाग्यवान पुरुष ही प्राप्त करते हैं। ये तीनों ही रत्न हमारी सफलता के मार्ग को प्रशस्त करते हैं। प्रेरणा के प्रकाश स्तंभ हैं। सच्चे मित्र के बिना हमारा जीवन अधूरा है।

संसार में जो व्यक्ति महान् पदों पर पहुँचे हैं, उनके जीवन में सच्चे मित्रों का महत्त्वपूर्ण योगदान रहा है। अब्राहम लिंकन वाशिंगटन तथा थियोडोर रूजवेल्ट। जवाहर लाल नेहरू तथा गांधीजी सभी मित्रों के सहयोग से महान् कार्य कर सके।

सच्ची मित्रता निस्वार्थ होती है, त्याग इसका महान् गुण है। सच्ची मित्रता निराशा में आशा का, विषाद में हर्ष का, असफलता में सफलता का भाव संचरित करती है। वास्तव में सच्ची मित्रता जीवन की साँस है, सभी वस्तुओं का विश्वास है और सभी वस्तुओं की आशा है।

दूसरी जाति में जनम लेकर भी जो संकट में सहायता करे, वही मित्र है, वैसे तो उन्नति के समय मनुष्य के सैकड़ों मित्र हो जाते हैं। यहाँ कहा गया है—

**सः सुहृदयसने यः स्यात्स पुत्रों यस्तु भक्तिमान**
**स मृत्यों यो विद्येयज्ञः सा भार्या यत निर्वृतिः।**

अर्थात् जो दुःख में साथ दे, वही मित्र है, जो आज्ञाकारी हो, वही पुत्र है, जो अपने कर्तव्य को समझे, वही सेवक है, जो सब तरह से सुख दे सके, वही भार्या है? विपत्ति पड़ने पर मित्र के सिवाय कोई दूसरा मनुष्य वाणी मात्र से भी सहायता नहीं करता।

वृद्ध दार्शनिक सिनेका ने कहा था, "समस्त सुखों और खुशियों में सबसे आकर्षक, दृढ और भले लोगों की मित्रता होती है। यह हमारी सभी चिंताओं को मधुर कर देती है। दुखों को दूर करती है और सभी कार्यों में सलाह देती है सारी मुसीबतों में सहायता करती है।"

मित्र कैसे बनाएँ, यह सवाल है, इसके लिए निम्न सुझावों का पालन करें—

1. दूसरे लोगों में रुचि लें, समझें और प्यार करें।
2. दूसरे मनुष्यों का स्वागत करें और सम्मान करें।
3. कभी आलोचना और निंदा न करें, केवल प्रशंसा करें।

4. मुसकान से प्रसन्न करें।
5. उनकी सलाह लें और उन्हें बुद्धिमान समझें।
6. सेवा करने को तैयार रहें।
7. मित्र के प्रति वफादार रहें।
8. कभी दोष न ढूँढ़े, । लेकिन गुणों की चर्चा करें।
9. प्रत्येक कार्य में नम्रता और दया प्रदर्शित करें।
10. विश्वास करें और विश्वास दिलाएँ।
11. मित्र से किसी प्रकार की अधिक आशा न करें।

अत: हम सच्चे मित्र की बाँह पकड़कर जीवन के तूफानों, विपत्तियों तथा भयंकर संकटों को साहस के साथ झेलते हुए अपनी मंजिल को और बढ़ते रहें। महान् वैज्ञानिक आइंस्टीन ने कहा था, ''सफल व्यक्ति वह है, जो अपने साथियों से बहुत हासिल करता है, अकसर उनकी सेवा की तुलना में कुछ अधिक ही प्राप्त करता है। एक मनुष्य की कीमत वह किस रूप में देता है, लेकिन सफल व्यक्ति प्राप्त कर ही लेता है।''

वास्तव में हमारे साथी और मित्र प्रत्यक्ष और अप्रत्यक्ष रूप से हमारी सहायता करते ही रहते हैं। हमें स्वयं पर और ईश्वर पर विश्वास करते हुए कर्म निरत रहना अनिवार्य है। सफलता तो मिलनी है, जब व्यक्ति प्रयत्नशील है। यह नहीं बताया जा सकता; कितना समय लगेगा। यह तो हमारे कर्म के ऊपर निर्भर है। कर्म तो मनुष्य की आत्मा से जुड़ा है। आत्मा अकर्मण्य नहीं है। कहा गया है ग्रंथों में—

**सोते सह शयानेन गच्छन्त मनुगच्छति।**
**जाग्रणां प्राकृक्तनं कर्म तिष्ठे त्वथ सहात्मना।**

अर्थात् मनुष्यों का पूर्व जन्म में किया हुआ कर्म सोते हुए मनुष्य के साथ सोता है और चलते हुए के पीछे चलता है, यह हमेशा आत्मा के साथ रहता है।

यहाँ यह स्पष्ट है कि जिस प्रकार छाया और धूप आपस में सदा

संबद्ध रहते हैं, इसी तरह कर्म और कर्ता एक-दूसरे से बँधे रहते हैं। अतः हमें कर्म करते रहना चाहिए, क्योंकि समय चलते हुए के साथ चलता है। इस पुस्तक में सफलता प्राप्ति के लिए कितने ही सिद्धांत, नियम और रास्ते बताए गए हैं। दोस्तो! राह कोई हो, चाल कोई हो, बस उठो और चल दो, क्योंकि जो चलते हैं, वो पहुँचते हैं। निराशा, तनाव, हताशा, असफलता व कुंठा के घने अँधेरे से निकलो। याद रहे—

**अंधकार को क्यों धिक्कारें।**
**अच्छा हो एक दीप जलाएँ॥**

मनुष्य को सफलता प्राप्त करने के लिए लिए पुरुषार्थी होना अनिवार्य है, क्योंकि पुरुषार्थी का सर्वत्र सम्मान होता है आलसी और निष्क्रिय व्यक्ति जीवन में कुछ हासिल नहीं कर पाते।

निष्ठापूर्वक पुरुषार्थ करने मनुष्य सभी प्रकार की सिद्धि प्राप्त कर लेता है।

महर्षि वसिष्ठ ने ब्रह्माजी से एक बार पूछा—"भगवान्! भाग्य बड़ा है या पुरुषार्थ।"

ब्रह्माजी आगे कहते हैं—"कृतः पुरुषकारस्तु दैवभेवानुवर्तते।" अर्थात् पुरुषार्थ करनेवाले का साथ भाग्य और देवता भी साथ देते हैं।

अतः हमें भाग्य निर्माण के पथ पर पुरुषार्थ का संबल लेकर अपने लक्ष्य की ओर बढ़ना ही श्रेयस्कर है। ऐसे लोगों को सफलता स्वयं बुलाती है। किसी ने ठीक कहा है—

**वह देखो दूर खड़ी मंजिल।**
**इंगित से हमें बुलाती है।**
**साहस से बढ़ने वालों के।**
**मांथे पर तिलक लगाती है॥**

□□□